Im **Mamaland**

Für Carmen Mata Duque, die mir alles gezeigt hat, was ich über Mamas weiß.
Marta Gómez Mata

Für alle meine „Sessel-Mamas".
Carla Nazareth

Im
Mamaland

Marta Gómez Mata * Carla Nazareth

àbac

Während **Mama Meerjungfrau** von einem Meeresparadies träumt, wo man statt mit Münzen mit Schuppen bezahlen kann, beendet **Mama Kamin** träge ihren Funken sprühenden Feuer-Tag und **Mama Zauberin** hütet ihre Zylinder und füttert die Tauben. Etwas später füllt **Mama Piratin** einige grüne Flaschen mit Pfefferminzsirup und schlägt ein Buch über Jamaika auf. **Mama Katze** sucht ein Kopfkissen, das nach dem besten französischen Käse duftet, und **Mama Picasso** knipst im Atelier das Licht an, um die heute in der U-Bahn erstellten Zeichnungen noch mit Tinte zu umranden.

Derweil sucht **Mama Dornröschen** vor dem Spiegel ihr luftigstes Nachthemd und die interessantesten Zeitschriften aus, um sich damit ins Bett zu kuscheln. Wenn die Kinder und Papas bereits schlafen, liest **Mama Erdbeere** ein kapitel aus „Rot und Rosa", breitet sich **Mama Kaugummi** in einer Hängematte an der Decke aus und erfreut sich daran, wie schön die Lampen doch von oben aussehen. **Mama Gazelle** wiederum döst in einem Sessel und lauscht den tausend rätselhaften Geräuschen der Nacht.

Mama Akkordeon steht früh, ungefähr zur gleichen Zeit wie **Mama Rennwagen** und **Mama Eisenbahn**, auf. Sie macht Kaffee und stellt sich vor, sie sei Straßenmusikerin auf dem Bahnsteig, was sie jedes Mal überaus fröhlich stimmt.

Fünf Minuten später seufzt **Mama Schokolade**, weil sie den heutigen Tag mit einer Tasse Kaffee statt mit ihrem geliebten Kakao starten wird, legt **Mama Mozart** nach dem Duschen eine CD ein, wobei sie das Orchester mit der Haarbürste dirigiert, und **Mama Rotkäppchen** tanzt durch alle Räume und probt für ein Theaterstück.

Mama Fahrrad strampelt den ganzen Morgen durch die Straßen und träumt davon, dass ihr schon am Mittag jemand ein regenbogenfarbenes Trikot überreichen wird. Und als sie sich ein bisschen ausruht, also genau zur Mittagszeit, trifft sie **Mama Drachen** und beide beschließen, mexikanisch essen zu gehen.

Und zwar wollen sie in jenes Restaurant, in dem **Mama Monet** gerade mit **Mama Piano** plaudert und aus dem **Mama Schere** soeben herauseilt, um noch pünktlich zu ihrem Buchbindekurs zu kommen.

Etwas später, als es wie jeden Tag und überall auf der Welt schon wieder dunkel wird, telefonieren **Mama Fee** und **Mama Kola** miteinander, dabei halten sie in der einen Hand das Telefon und bereiten mit der anderen Hand das Abendessen zu.

Und genau in diesem Moment kehrt auch **Mama Segelschiff** mit vielen Leckerbissen im Gepäck nach Hause zurück, und **Mama Prinzessin** findet ein fantastisches Buch mit goldenen Seiten, das sie vor dem Schlafen lesen kann…

Mama Fahrrad

Sie ist wirklich faszinierend! Sie fährt Fahrrad mit der Schnelligkeit einer Gazelle (und mit der Kraft einer Löwin). Nur wenn sie müde ist, bewegt sie sich so langsam wie eine Schildkröte (und so geduldig wie eine riesige Bärin) und bummelt durch die Straßen. Bist Du mit ihr unterwegs, weißt Du nie, wie schnell sie gerade ist. Aber Du fühlst, wie toll es ist, zu rennen und den Wind im Gesicht zu spüren und sich ohne Eile von der wirbelnden Brise hin- und herschaukeln zu lassen.

Mama Fahrrad ist silbern und weich. Ihre Arme formen einen gepolsterten Lenker, auf den Du Deinen Kopf ablegen und ein Nickerchen halten kannst. Strecke Deine Beine aus und lege sie ab, stelle Deinen Sitz ein und lass Dich von ihr, wohin Du möchtest, kutschieren. Denn Bewegung macht Mama Fahrrad am meisten Spaß. Sie liebt es, Straßen auf und ab zu fahren, alles aufzuwirbeln, wie ein fröhliches Zicklein umherzuspringen und den höchsten Abhang zu erklimmen.

Sie hat glückliche Kinder, weil diese draußen spielen dürfen und nur dann nach Hause kommen, wenn sie wirklich erschöpft sind, also die Ketten langsam nachgeben, die Räder allmählich Luft verlieren oder das Getriebe repariert werden muss.

Aber bevor das passiert, hält das Leben mit Mama Fahrrad so viel Lebendigkeit und vor allem immer ein flinkes Lächeln bereit.

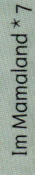

ALS MAMA FAHRRAD noch klein war, hatte sie einige rote Dreiräder, die sich schnell abgenutzt hatten, weil sie damit immerzu durch alle Flure, Gänge und Parks raste. Ihr Papa regte sich häufig auf, dass ein Fahrradmädchen wie sie eine teure Tochter sei. Sie jedoch träumte davon, eines Tages eine berühmte Sportlerin zu werden, die in Paris stolz Medaillen und Pokale in die Höhe halten würde.

IM FAHRRADKORB gibt es Gläser mit Johannisbeermarmelade, ein Sträußchen Klatschmohn … Sonnenbrillen und Regenmäntel mit einem aufgedruckten Regenbogen auf dem Rücken.
Aber Mama Fahrrad hat auch Knieschützer, rosa und blaue Heftpflaster, einen lustigen Kompass, der ihr jedes Mal mit Gelächter Bescheid gibt, wenn sie sich zu sehr vom Norden entfernt, sowie ein Buch über Sansibar im Gepäck.

Mama Erdbeere

Es liegt etwas Sanftes, Geheimnisvolles und Zartes in **Mama Erdbeere**. Schau nur, ihre rosafarbenen Wangen! Die bekommt sie immer dann, wenn sie erschöpft oder beschämt ist – zum Beispiel, wenn sie dabei erwischt wird, wie sie ein Schimpfwort sagt, die Kühlschranktür offen oder die Schlüssel von innen stecken lässt oder wenn sie mitten auf der Straße mit sperrangelweit geöffneter Handtasche herumläuft …

Mama Erdbeere weiß, wie man Babybrei mit Milch und Früchten zubereitet, Babykleidung in Rosenblättern wäscht, mit einer Hand den Kinderwagen schiebt und in der anderen die Einkaufsbeutel trägt. Sie hat so viel gelernt, dass sie von Tag zu Tag mehr aussieht wie eine leckere **Erdbeere: eine kleine Frucht, die den Geschmack der ganzen Welt in sich trägt.**

Mit glücklichem Herzen errötet **Mama Erdbeere,** wann immer sie will. Dabei ist ihr egal, dass in ihrem ewig mädchenhaften Gesicht etwas ganz Kleines ganz groß wird. Und während sie unglaublich fruchtige Säfte auspresst, die unten rot und oben pistaziengrün sind, lächelt sie ruhig vor sich hin. Manchmal entweicht ihr sogar ein herzhaftes Lachen und inmitten ihrer laut ertönenden Freude 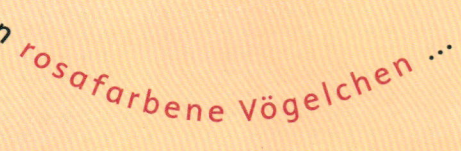 flattern rosafarbene Vögelchen …

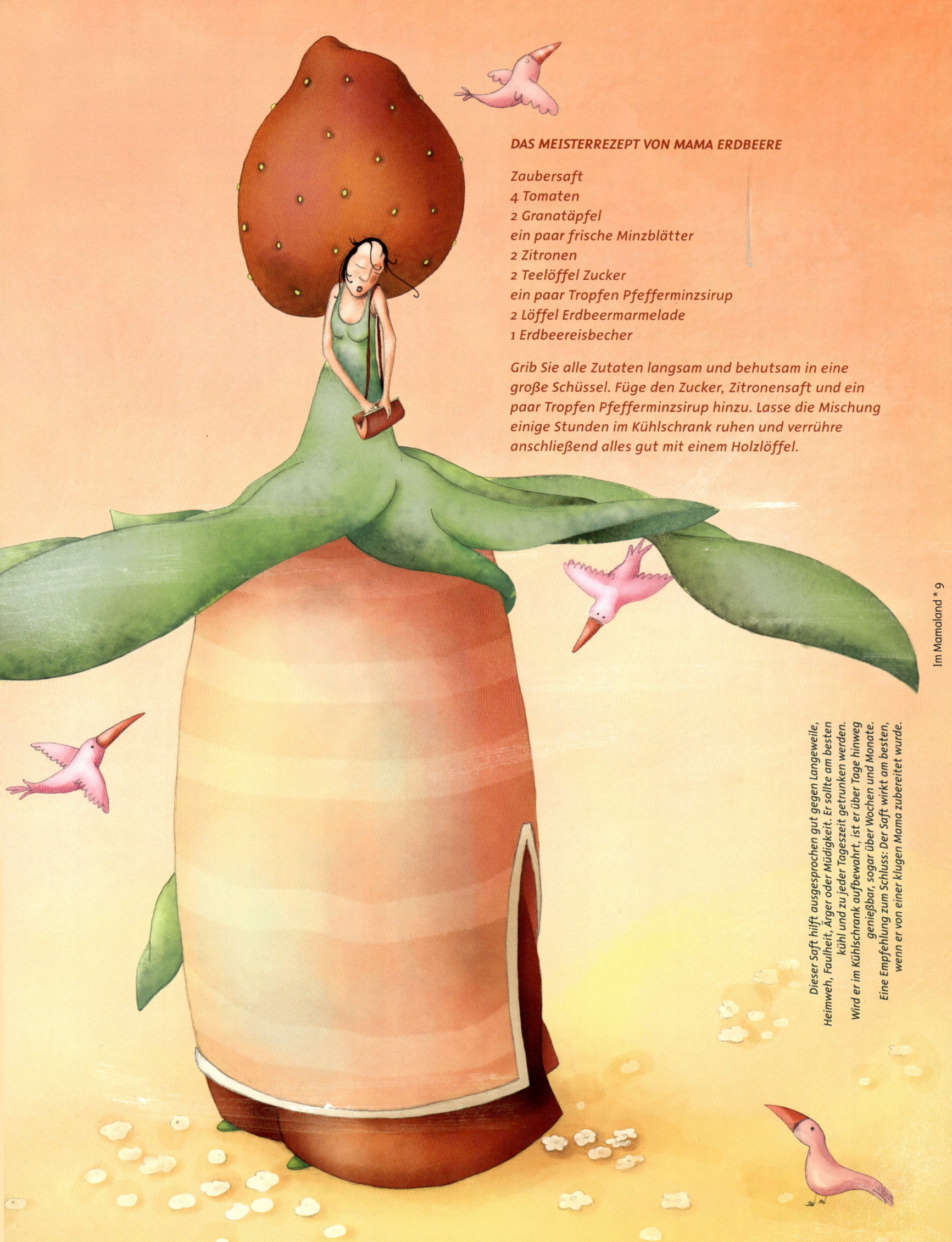

DAS MEISTERREZEPT VON MAMA ERDBEERE

Zaubersaft
4 Tomaten
2 Granatäpfel
ein paar frische Minzblätter
2 Zitronen
2 Teelöffel Zucker
ein paar Tropfen Pfefferminzsirup
2 Löffel Erdbeermarmelade
1 Erdbeereisbecher

Grib Sie alle Zutaten langsam und behutsam in eine große Schüssel. Füge den Zucker, Zitronensaft und ein paar Tropfen Pfefferminzsirup hinzu. Lasse die Mischung einige Stunden im Kühlschrank ruhen und verrühre anschließend alles gut mit einem Holzlöffel.

Dieser Saft hilft ausgesprochen gut gegen Langeweile, Heimweh, Faulheit, Ärger oder Müdigkeit. Er sollte am besten kühl und zu jeder Tageszeit getrunken werden. Wird er im Kühlschrank aufbewahrt, ist er über Tage hinweg genießbar, sogar über Wochen und Monate. Eine Empfehlung zum Schluss: Der Saft wirkt am besten, wenn er von einer klugen Mama zubereitet wurde.

Mama Akkordeon

Mama Akkordeon trägt über ihrer Schulter ein wunderschönes Musikinstrument. Wenn sie uns erlaubt, es zu öffnen und darin herumzustöbern (und wir können mit Sicherheit sagen, dass es nichts Tolleres gibt, als ein Akkordeon zu öffnen und hineinzugucken – naja, außer vielleicht Schokoladeneis im Sommer …), entdecken wir, dass ihre tolle Holzkiste noch weitere kleinere Holzkisten enthält. Und darin befinden sich tausende Metallzungen, die, wenn sie erst einmal losplappern, Funken sprühen, Feuer entfachen und ganze Wasserfälle bilden.

In ihrem riesigen Reich aus Notenschlüsseln und Tasten weht eine grüne Gardine im Takt und könnte auf einen flinken Tanzabend hindeuten oder auf den musikalischen Abend daheim an einem verregneten Tag. Mit ihren langen Beinen legt sie in Gummistiefeln eine flinke Polka aufs Parkett oder einen langsamen argentinischen Tango auf hohen Stelzen, ach wie nett.

Mama Akkordeon reiste durch hunderte Bahnhöfe, trat in tausenden Kneipen auf und plauderte auf französisch, italienisch, deutsch und portugiesisch mit unzähligen Musikern. Sie zog aus dem heißen Kolumbien bis ins eiskalte Sibirien und vom Ufer der Seine bis zum melancholischen Balkan. Vielleicht hat sie deswegen stets so eine süße, elegante und fröhliche Stimme … bis sie irgendwann weint, aber das lässt sich Mama Akkordeon nicht anmerken.

MAMA AKKORDEON UND EINIGE IHRER REISEORTE

In Mama Akkordeon passen viele Seelen und Geschichten hinein und weil sie dank ihrer Musik so viel in der Welt herumgekommen ist, hat sie immer eine Postkarte parat, die sie uns zeigen kann. Ihre Hände wirbeln beim Erzählen durch die Luft, immer auf der Suche nach den passenden Tönen:

DAS TAL „El Valle"

Eine ihrer interessantesten Akkordeontasten beschreibt einen ihrer Lieblingsorte: ein weites Tal am Meer, mit dem Geschmack von Mango und Zuckerrohr in der Luft. Und zwischen Hüten und Applaus tönt es aus Mama Akkordeon heraus, ein Lied über Liebe, Pferde und Träume.

DER HIMMEL VON MAMA AKKORDEON

Ein grauer Himmel wacht über ihrem Boot und Mama Akkordeon, gehüllt in einen schwarzen Umhang, lässt eine Hand plätschernd ins Wasser fallen, beugt sich über ihren Kahn und pflückt einen Strauß Mimosen.

DRACHENBLUT
(ODER EIN LUSTIGER NACHTISCH)
Es ist weit und breit bekannt, dass Drachenblut für die Gesundheit äußerst förderlich und stärkend ist. Deswegen bereitet Mama Drache in Vollmondnächten gern ein paar Becher Drachenblut zu. Dazu braucht sie folgende Zutaten: Erdbeeren, Sahne, Himbeerkerne, Blaubeeren und Waldbeermarmelade.

MAMA DRACHE

Mama Drache ist die stärkste und mächtigste Mama des ganzen Universums. Sie liest gerne Comics, fliegt auf ihrem Motorrad und stellt sich vor, wie sie Krokodile allein mit ihrem Blick dressiert. Ja, genan mit dem Blick, den sie immer hat, wenn sie merkt, dass sie schon wieder zum Trödeldrachen wird und sich beeilen muss.

Sie ist eine Spezialistin auf dem Gebiet der Augensprache. In dieser geheimnisvollen Sprache spricht man nicht, sondern lässt die Wörter funkeln. Aber sie weiß auch, dass der Blick der Tapferen nicht die Schwachen vergisst. Und für eben diese hat Mama Drache einen großen Mund, mit dem sie im Sommer frische, kühle Luft verpusten kann (mit Limetten- und Zitronenaroma) und im Winter kuschelige Wärme (die nach Tee mit Honig duftet).

Ritter und Kriegerinnen der Welt könnten ihr nichts anhaben, denn sie würde sie mit ihren Augen und ihrem Atem erstarren lassen. **Mama Drache hat vor nichts Angst und daran wird sich nichts ändern.**

Deshalb beschloß sie eines Tages, sich dem Heiligen Georg und Martha von Bethanien zu ergeben und sich in eine zahme, chinesische Drachenfrau zu verwandeln, um so ein Zeichen für Weisheit und Wohlstand zu setzen. Seither tanzt sie zu den nächtlichen Festen um das Feuer und glättet ihre Schuppen auf dem Rücken – sie hat einen wunderbar langen Rücken, von dem ihre Kinder wie von einer fabelhaften Rodelbahn herunterrutschen.

SO IST ES. WENN ES ABER EIN PROBLEM GIBT, WENN JEMAND SÜSSIGKEITEN KLAUT ODER EIN GROSSES KIND ÜBER EIN KLEINES LACHT, DANN WIRD MAMA DRACHE WIEDER GANZ SIE SELBST UND VERWANDELT SICH IN EINE FEUERKÖNIGIN, EINE RIESENGROSSE ROBIN HOOD, DIE MIT IHREN GROSSEN AUGEN UND EINEM ÜBERAUS SCHNELL KLOPFENDEN HERZEN AUS DER WELT DER FANTASIE ZU UNS AUF DIE ERDE KOMMT …

LEGENDEN UM MAMA DRACHE

„Magnus Liber Draconis" lautet der Titel ihrer Bettlektüre. Ab und an nimmt sie das Buch aus dem Regal und liest eine Legende daraus vor. Wer ihr zuhört, erfährt etwas über die riesige Schlange Tarasca, den Schatz hütenden Drachen der Nibelungensage sowie alles über das Jahr des Drachen nach dem chinesischen Kalender. Mama Drache liest laut lachend alle Geschichten und Legenden immer wieder vor. Bei jedem Lachen schwingt ihr Schwanz von links nach rechts und verwandelt sich dabei in eine riesige Schaukel.

Mama Dornröschen

Mama Dornröschen schläft in einem Prinzessinnenbett. Ihr Bett ist mit Seidenlaken bezogen und hat viele Daunenkissen sowie im Winter einen Baldachin und im Sommer ein Moskitonetz.

    Oder es ist ein japanisches Bett tief unten am Boden.

        Oder ein großes altes Holzbett mit einer gehäkelten Tagesdecke.

            Oder ein …

Auf jeden Fall hat Mama Dornröschen ein Bett, das sie liebt und wie einen Schatz hütet. Denn Mama Dornröschen ist eine echte Langschläferin, die es gar nicht gern hat, wenn ihre Kinder vor 10 Uhr aufstehen, und die am liebsten alle schon vor 22 Uhr wieder ins Bett schicken will. Für ihr Bett kauft sie immer neue Laken und Bettbezüge.

Der Grund für Mama Dornröschens Verhalten ist ein wunderschönes Märchen über eine schlafende Prinzessin, das sie als kleines Mädchen gelesen hatte. Deshalb hat Mama Dornröschen beschlossen, dass auch sie gerne das halbe Leben schlafend verbringen möchte, bis eines Tages ein gut aussehender, großer und liebevoller Prinz kommen und sie aufwecken würde. Eines schönen Tages kam der Prinz und küsste sie sanft auf die Lippen, und seither wünscht sie sich, noch einmal geküsst zu werden

    und noch einmal

        und noch einmal.

Ab und an trägt Mama Dornröschen ganz viel Spielzeug, Bücher und Frühstücktabletts mit heißer Schokolade in ihr Bett. Inmitten der Kissen und Decken kann dann jeder spielen, lesen und frühstücken, so lange er möchte. Und dann sieht Mama Dornröschen sogar noch schöner aus als die Hauptfigur ihres Lieblingsmärchens, stimmt's?

IHRE GÖTTER heißen Morpheus und Sandmann.
IHRE LIEBLINGSSPEISE ist heiße Schokolade.
IHRE LIEBLINGSMUSIK kommt von kleinen Glöckchen, die eine süße Melodie von sich geben.
IHRE FARBE ist Lachsrosa, diese sanfte, versöhnliche Farbe.

IHR LIEBLINGSSATZ lautet: Hach Schatz, bin ich müde!

Mama Picasso

Sie beobachtet die Welt mit offenen Augen und fängt so das beste Bild ein, den schönsten Moment, den besonderen Augenblick, in dem die Bewegungen stillstehen: Kinder lächeln und umarmen ihre Mütter, die wiederum ihre Hälse recken und ihre Kinder vor der Welt beschützen. Mama Picasso weiß, wie sie die Welt beobachten und danach zeichnen kann.

Es scheint, als besäße sie einen **magischen Stift**, einen Kreidestift unendlicher Farben, mit dem sie alles, was sie entdeckt, zeichnet. Auf diese Weise hält Mama Picasso das Leben fest. Sie setzt sich irgendwo hin und skizziert auf einem Stück Papier die Szene vor ihren Augen: ein Baby, das seine Arme in die Luft streckt, die verträumten Gesichter ihrer spielenden Kinder ...

Mit ihrer Farbpalette und ihrem Zeichenkoffer hat Mama Picasso schon viele andere schöne Mamas mit ihren Kindern gemalt. An warmen Abenden malt Mama Picasso sie rosa und an kalten Morgen blau. Sie hat die Formen ihrer hübschen Profile aufgebrochen und in Rot, Braun und Schwarz getaucht ...

Sie kann es nicht ändern, sie sieht die Welt gezeichnet, gekritzelt oder gemalt. Und sie möchte es nicht ändern, denn es ist ihr kleiner Beitrag zur Schönheit der Welt.

ZEIT FÜR HAUSAUFGABEN
Nachmittags setzt sich Mama Picasso zu ihren Kindern an den Schreibtisch und hilft ihnen bei den Hausaufgaben. Mit einigen Fächern tut sie sich zwar schwer (sie interessiert sich weder für Mathematik noch für Englisch), aber wenn es Hausaufgaben im Fach Kunst gibt, wenn man Landkarten ausfüllen oder Zellen zeichnen soll, öffnet Mama Picasso ihren Zeichenkoffer und bemalt mit großer Freude die Blätter.

„Nur eine Farbe auswählen? Unmöglich!", antwortet Mama Picasso ganz einfach. Sie kann auf keine einzige Farbe verzichten, jede einzelne ist wichtig, nützlich und unentbehrlich. Das wusste sie schon als kleines Mädchen und seither hütet sie ihren Buntstiftkasten. Und wenn einer der Buntstifte verloren ginge, wäre sie sehr traurig. Wenn sie das Lachsrosa oder das Smaragdgrün verlieren würde, wäre das wirklich schlimm, denn man kann nie wissen, ob nicht gerade diese Farbtöne im nächsten Bild die wichtigsten Farben, die Schlüsselfarben, sein werden. Mama Picasso hütet alle Farben mit derselben Fürsorge: Alle Stifte sind stets perfekt angespitzt und in Reih' und Glied angeordnet, wie die Tastatur eines Klaviers, dem keine Taste fehlen darf.

Mama Gazelle

Sie braucht viel Ruhe. Deshalb legt sie gerne ihren Kopf aufs Sofa, den Sitzplatz im Bus, den Bürotisch oder lehnt ihn gegen das Fenster. Das sieht dann so aus, als wollte sie es sich auf dem Sofa nur ein bisschen gemütlich machen und fernsehen oder im Bus ein Buch aus ihrer Tasche herausholen. Oder als wollte sie im Büro gerade den Computer anmachen oder am Fenster auf die Straße hinausschauen. Aber Mama Gazelle tut etwas anderes: Sie hält jedes Mal ein kleines Nickerchen. Das dauert nicht einmal 5 Minuten und lässt sie alles vergessen, die schlaflose Nacht, den langen Weg mit dem Kinderwagen oder den nie endenden Arbeitstag, an dem sie lange Berichte über dies und das schreiben musste. Nur ein paar Runden dreht sich der Minutenzeiger und schon erwacht Mama Gazelle wieder und ist bereit

loszurennen, oder besser gesagt, mit ihren langen, springenden Beinen loszufliegen.

Sie ist grazil und schnell, weder sehr groß noch sehr klein, also genau richtig: Mama Gazelle zieht keinen Einkaufstrolley hinter sich her und wartet auch nicht darauf, dass die Herren ihr die Einkaufstaschen nach Hause tragen. Sie weiß genau, wie sie das Gewicht zwischen den Armen verteilen muss, damit sie rasch laufen kann. Auch mit roten Ampeln, steil bergauf führenden Straßen, Treppen und den tausend weiteren Gefahren des Dschungels kennt sich Mama Gazelle nur zu gut aus.

Und Mama Gazelle beobachtet alles mit ihren großen, sanften und ein wenig traurigen Augen, die so wachsam und gut sind, dass sie den Schatten eines Geparden schon in kilometerweiter Entfernung erspähen. In ihren braunen Augen spiegelt sich die ganze Welt wider: näherkommende Menschen, hupende Autos, Läden, die öffnen und schließen, ein Schulhof mit spielenden Kindern und noch ein ganzes Mosaik weiterer Bilder. Doch in den Tiefen ihrer schokoladenbraunen Augen bleibt sie ernst und ruhig.

FREUNDE VON MAMA GAZELLE

Afrikanisches Topi (Leierantilope): Hat ein markantes Gesicht und zwei längliche Hörner mit scheinbar aufeinander gereihten Ringen darauf. Topi hat dunkles Fell und wiederkäut das Gras so intensiv, als ob es seine physische Beschaffenheit studieren wolle. Doch sieht es eine Gefahr nahen, hüpft Topi flink über alles Mögliche und eilt davon.

Impala (Schwarzfersenantilope): Sie schläft am wenigsten und ist immer bereit, sofort zu flüchten, davonzuspringen oder davonzurennen. Sie frisst Gräser, Blätter und Samenkörner und streift nicht gern allein umher. Wenn es um Gerechtigkeit geht, erhebt Impala laut ihre Stimme, und mit Mama Gazelle diskutiert sie leidenschaftlich darüber, wo es für alle am sichersten ist.

Oribi (Bleich-Böckchen): Ist immer ängstlich und noch mehr als die anderen bereit, davonzuspringen. Oribi mag es, neben Mama Gazelle an einem dicht bewachsenen Fleck Schutz zu suchen und von dort aus in angenehm sicherer Entfernung die Welt zu beobachten.

Gepard: Es mag sein, dass er und Mama Gazelle wie zwei Feinde wirken. Aber Mama Gazelle hat die Gabe, mit jedem sprechen zu können und zuversichtlich darauf zu warten, dass er in sich gehen und sich schließlich entschuldigen wird.

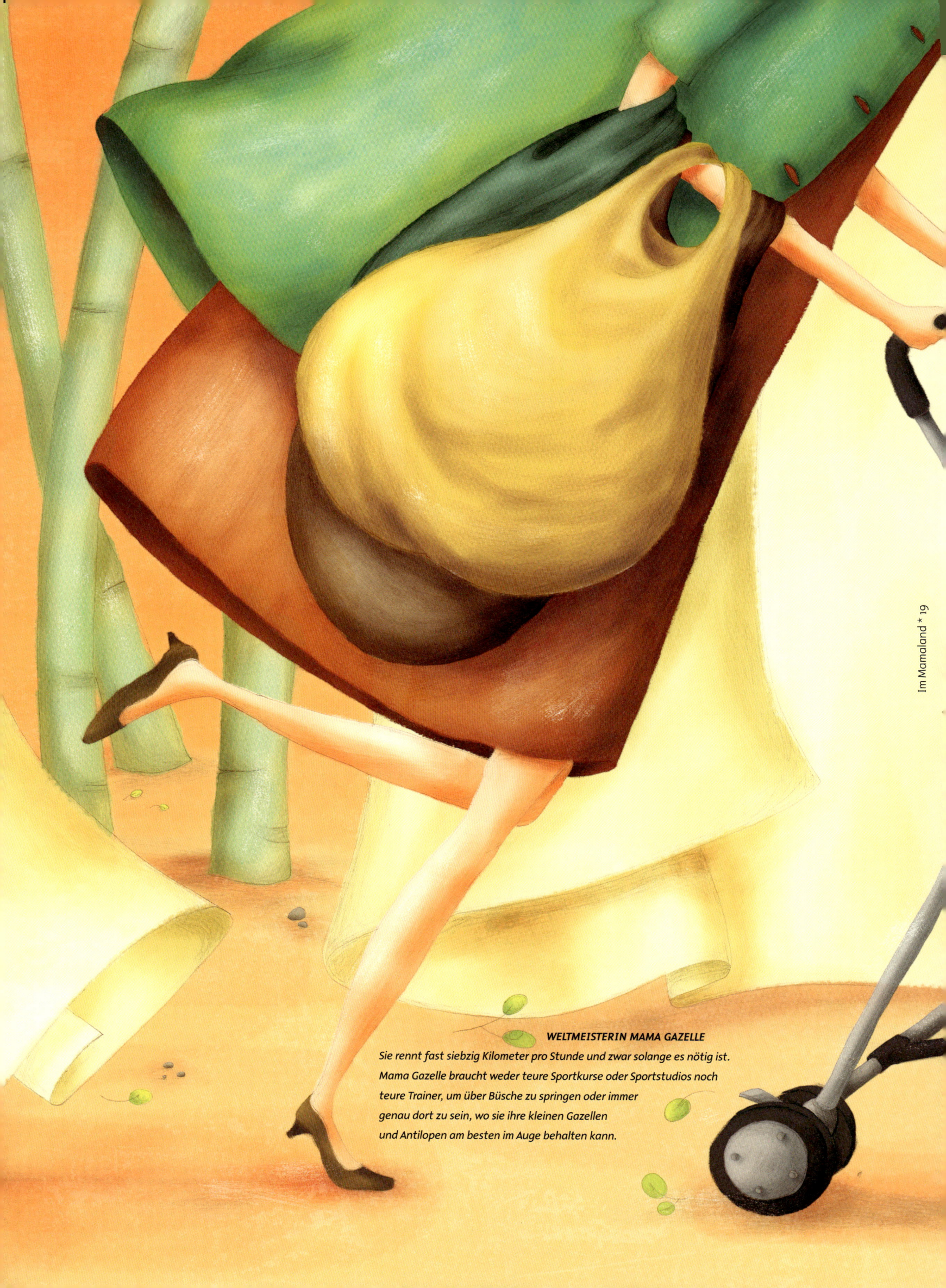

WELTMEISTERIN MAMA GAZELLE
Sie rennt fast siebzig Kilometer pro Stunde und zwar solange es nötig ist.
Mama Gazelle braucht weder teure Sportkurse oder Sportstudios noch
teure Trainer, um über Büsche zu springen oder immer
genau dort zu sein, wo sie ihre kleinen Gazellen
und Antilopen am besten im Auge behalten kann.

Mama Piratin

Jeden Morgen ermutigt Mama Piratin ihre Schiffsjungen, den Kühlschrank zu plündern: Brot, Honig und Marmelade, Früchte und Schokolade, Kekse und reichlich frisches Wasser. Hat sie dann endlich ihre Galeone aufgeräumt und all ihre Schatztruhen verschlossen, trommelt sie ihre Besatzungsmitglieder zusammen, um auf einem mit Wasserdampf betriebenen Ross oder auf dem Rücken eines elektrischen Elefanten reitend die lange Reise an Bord eines eisernen Schiffes anzutreten.

„ALLE BEREIT? DANN NICHTS WIE LOS ZUM ENTERN, MEINE TAPFEREN SCHIFFSJUNGEN! UND DENKT IMMER DARAN: AUF HOHER SEE IST EURE BESTE WAFFE DIE WEISHEIT, UND DIE BESTEN KANONEN SIND EURE BÜCHER."

Während ihre Seemänner vom Bug bis zum Heck kämpfen, steuert Mama Piratin andere Aufgaben an. Den ganzen Tag über wird sie in Häfen herumwirbeln, mit den Bootsmännern diskutieren, Papageien dressieren, Tortillas machen, Flotten rekrutieren … und nur fünf Minuten wird sie sich Ruhe gönnen und einen Kaffee mit Rumaroma oder einen Papayasaft von den niederländischen Antillen trinken.

„WILLKOMMEN ZURÜCK AN BORD!", wird sie schließlich am Nachmittag rufen, wenn ihre müden Seeräuber mit Seesäcken voller Hefte, Stifte, Aufkleber und anderem Kram nach Hause kommen.

Dann wird Mama Piratin ihre Seemänner begutachten,
die Schätze nachzählen
und Begrüßungsschüsse abfeuern.
    Aber auf dem Schiff warten noch viele weitere unerledigte Aufgaben:
    Segel festbinden und setzen,
    Flaggen hissen und einholen,
    Trossen festzurren …
    Auf dem Schiff von Mama Piratin gibt es wirklich immer viel Arbeit!

Und ganz zum Schluss befiehlt sie schließlich die Heimkehr ins Hafenbecken aus Seide und Federn, wo Mama Piratin den kommenden Tag erwartet.

MAMA PIRATIN GANZ PRIVAT:
- Sie ergreift wirklich jede Gelegenheit zum Spazierengehen, sei es am Strand oder entlang einer schönen Einkaufsstraße.
- Sie ankert immer nahe bei ihren Seemännern, um sich kurz auszuruhen und die Karabiner festzumachen.
- Ihr Geheimversteck ist ein schönes unbekanntes Atoll, das nur auf ihrer Navigationskarte existiert.
- Ihr Lieblingsmoment am Tag: sich abends ins Mondlicht setzen und ihr Logbuch zur Hand nehmen.
- Eine Trosse ist ein starkes Seil, das aus neun Kordeln gemacht ist. Mama Piratin ist Expertin auf dem Gebiet schwieriger Seemannsknoten!
- Die Galionsfigur eines alten Segelschiffes ist ihr ständiger Begleiter.
- Sie verehrt ihren kleinen allwissenden Kompass, der über ihrem Bett hängt und ihr im Schlaf die Richtung weist, damit das Schiff nie vom Kurs abkommt.

Mama Kamin

Diese Mamas sind äußerst liebevoll, warm und sympathisch, so dass alle immer in ihrer Nähe sein wollen, vor allem im Winter, wenn sie sich die spannendsten und lustigsten Kartenspiele ausdenken, die verrücktesten Mensch-ärgere-dich-nicht-Partien spielen, Überraschungspartys schmeißen und ohne Unterbrechung erzählen können.

Nahezu jeder weiß das, doch erst recht diejenigen, die schon einmal das große Glück hatten, in Mama Kamins ausgebreitetem Glockenrock zu liegen oder in der Nähe ihrer warmen Küsse zu Abend zu essen. Die ganze Welt weiß von ihrer liebevollen Art, denn die ist als Rauch noch weit entfernt zu sehen. Und jeder weiß, dass sie zwar mit Leichtigkeit glühen kann, sich aber gerne darum drückt, die glimmende Asche wegzuschaffen. Außerdem ist sie eine wunderbar sympathische Gastgeberin, denn niemand empfängt die erschöpften, frierenden, hungrigen oder müden Geister unter uns wohlwollender als Mama Kamin.

Niemand legt Dich so sanft und weich in einen bequemen Sessel, borgt Dir kuschelige Schuhe und serviert Dir herzlicher einen warmen Tee mit leckeren Keksen. Ah! Und wenn Du mal ein Problem hast und eine Nacht darüber schlafen musst,

wärmt Dich Mama Kamin mit ihren Kuschelkissen und Decken, damit Du in Ruhe nachdenken kannst.

Und falls Du mal über einer schwierigen Frage grübelst, verwandelt Mama Kamin für Dich die Stille in einen verständnisvollen und aufmerksamen Freund. Dann bleibt sie bei Dir und hört Dir geduldig zu, so als würde die Zeit stillstehen. Deshalb wollen ihr gerade an Regentagen alle einen Besuch abstatten und in ihrer Gesellschaft die Zeit in aller Gemächlichkeit vorbeiziehen lassen.

DER TANZ DER KAMINE
Kamine aus Granit lieben Rockmusik. Hören sie eine E-Gitarre im Hintergrund, sprühen sie glühende Funken. Kochherde wiederum lauschen mit Vorliebe Dudelsäcken, Akkordeons und Flöten. Aber sie sind anpassungsfähig und modern, deshalb können sie zu jeder Musik tanzen. Französische Kamine hingegen lieben Menuette und alte italienische Lieder. Und ihre Freunde, die alten Kachelöfen, flippen bei den Melodien der Liedermacher total aus. Sie alle versammeln sich ab und an bei Nacht und knistern und tanzen zusammen. Die Zeit verfliegt, bis es jeder entdeckt: Der Raum ist von oben bis unten mit Asche bedeckt.

Mama Eisenbahn

Mama Eisenbahn ist die perfekte Lokomotive – pünktlich, sicher und bequem. Durch ihre Adern strömt lebendiger Dampf, der allerlei zum nächsten Bahnhof wirbelt.
                      Und immer wieder stößt sie den sanften,
              zischenden
                      und kurvigen Ton der Kolben,
                  Räder
                          und Schubstangen aus.

Mama Eisenbahn ist ein Wunder
der Logistik,
Mechanik
und Motorenkraft.

Vielleicht ist das so, weil sie als Kind schon neugierig und abenteuerlustig Eisenbahnen beobachtet hatte. Sie verfolgte die Bewegungen und lernte von den ruhigen und nie endenden Zugfahrten. Nach und nach verstand sie, dass Lokomotiven wie Pferde waren und die Waggons ihre Fohlen, die ihnen durch das Grasland folgten.

Mit der Zeit erkannte sie, dass Bahnhöfe und Bahnsteige wie die Pausenhöfe nach der Schulstunde waren. An ihnen konnten sich die Züge ausruhen, die Reisenden zu neuen Kräften kommen, die Lokführer ihre Arme dehnen und strecken und sich endlich jene Leute, die ankamen, und jene, die warteten, in die Arme schließen. Mama Eisenbahn liebt sogar den kargen, nebeligen und weiten Raum der schönen alten Bahnhöfe. Dort, wo Regendächer die Träume und Fluchten überdecken, wo Waggons in Stand gesetzt werden und Lokomotiven sich ausruhen, Dampf ablassen und Strom und Hitze ausstoßen können.

Aber schon geht es weiter. Der Schaffner steht mit seiner Trillerpfeife bereit, das Signal springt auf Weiterfahrt … Mama Eisenbahn rast los.

DIE BAHNHOFSUHR
Ticktack,

vom Dach des Hauptbahnhofes aus betrachtet, zeichnet sich Mama Eisenbahn durch die liebenswerteste und vorzüglichste Pünktlichkeit aus. Weder eine Minute zu früh noch eine zu spät: Nur Wenige mussten bisher auf sie warten, weder Freunde noch Verliebte oder Kinder. Dank ihr bist Du, genau wie die große schwarze, beruhigende Bahnhofsuhr, immer pünktlich.

Mama Schnellzug

Manchmal wird Mama Eisenbahn zur luxuriösen Mama Schnellzug und bringt Dich in geheimnisvoll klingende Städte, zum Beispiel nach Venedig, Istanbul oder Prag. Mama Schnellzug erreicht dort den Bahnhof mit roten Lippen, Abendgarderobe, Absatzschuhen, einer eleganten wolkenförmigen Brosche und einem Seidenschal mit Federn ... Schöner als je zuvor schreitet sie langsam dahin und ihre Schritte hinterlassen noch im fernen Orient ein sanftes Klack-Klack, Klack-Klack, Klack-Klack ...

Mama Schokolade

Irgendwo in ihrem Haus hat Mama Schokolade in einer kleinen Ecke eine Packung versteckt, auf der dieses Etikett klebt:

Wer es tatsächlich wagt, die Packung zu öffnen, findet kleine **Schätze darin: lauter Schokoladenpralinen, verschieden geformt und prall gefüllt.** Wenn Mama Schokolade ihr wunderbares Gut ordnet, sieht das so aus: Sie trennt die schwarze von der weißen Schokolade und die Mandelschokolade von der Milchschokolade. Sie wickelt jede Praline in buntes Papier ein, teilt die Schokolade auf, sortiert jeden noch so kleinen Schokoladenkrümel und stapelt geduldig wie ein Maurermeister ihre geliebten kleinen, schwarzen Ziegelsteine.

Mama Schokolade ist so warmherzig, süß und tröstend wie eine **frisch gekochte, dampfende und nur auf Dich wartende Tasse Kakao,** in einem Minischwimmbecken aus Porzellan, in das der Löffel bis zum Grund eintaucht, den Inhalt hochholt und in Deinem Mund schmelzen lässt, während es draußen regnet, kalt und dunkel ist. In Gesellschaft sorgt Mama Schokolade dafür, dass sich jeder Einzelne **so geborgen und glücklich fühlt, als hätte man ihm gerade eine riesige Schokoladentorte mit brennenden Kerzen vor die Nase gestellt und dazu gesungen, ihn umarmt und mit ihm gelacht.**

Genau aus diesem Grund strahlt Mama Schokolade auch immerzu und ist **sanft wie Seide und klar wie Kristall,** und sie duftet, als hätte sie die **Tasche voller Himbeerpralinen.** Deshalb ist sie wohl auch so **süß und schwankend: sauer mit einem Tröpfchen Bitterkeit und einem leicht scharfen und salzigen Nachgeschmack.** Zu Mama Schokolade wollen aus einem unerklärlichen Grund alle am Nachmittag zu Kaffee und Kuchen kommen. Sie eilen immer dann zu ihr, wenn sie nach dem Schultag, dem Spielenachmittag oder dem nie endenden Arbeitstag noch ein Stückchen Schokolade essen möchten und es von Mama Schokolade persönlich serviert bekommen wollen.

DAS MUSEUM DER PRALINENPACKUNGEN
Mama Schokolade träumt davon, eines Tages **die schönste Sammlung an Pralinenpackungen auf Erden zu haben.**
Sie stellt sich vor, wie überglücklich sie an dem Tag sein wird, an dem sie ihr Museum kleiner, süßer Figuren eröffnet: ein fahrender Zug, ein angezündeter Ofen, ein Obstkorb, ein nie endendes Buch … *Und alles aus purer Schokolade, damit man nach und nach alle kleinen Stücke der Welt genießen kann.*

DER GESCHMACK VON MAMA SCHOKOLADE
Mama Schokolade duftet nach Orangen, nach Frühlingsnachmittagen und weil ihr immer warm ist, sehnt sie sich ständig nach etwas Süßem und Kaltem. Auch Ananas mag sie sehr und eines Tages erfand sie sogar eine leckere Schokoladentorte mit Ananasscheiben oben drauf. Etwas ganz Besonderes verbindet Mama Schokolade mit Mandelaroma: Denn als sie noch klein war, nahm ihr Opa sie oft zur Mandelernte mit und seither tragen für sie Mandeln den Duft des Glücks in sich. Als sie älter war, entdeckte sie den Duft von Toffee und fand betörende Aromen mit Trüffel- und Pralinénoten, die jedes Stück zu einem echten Schokoladentraum machen.

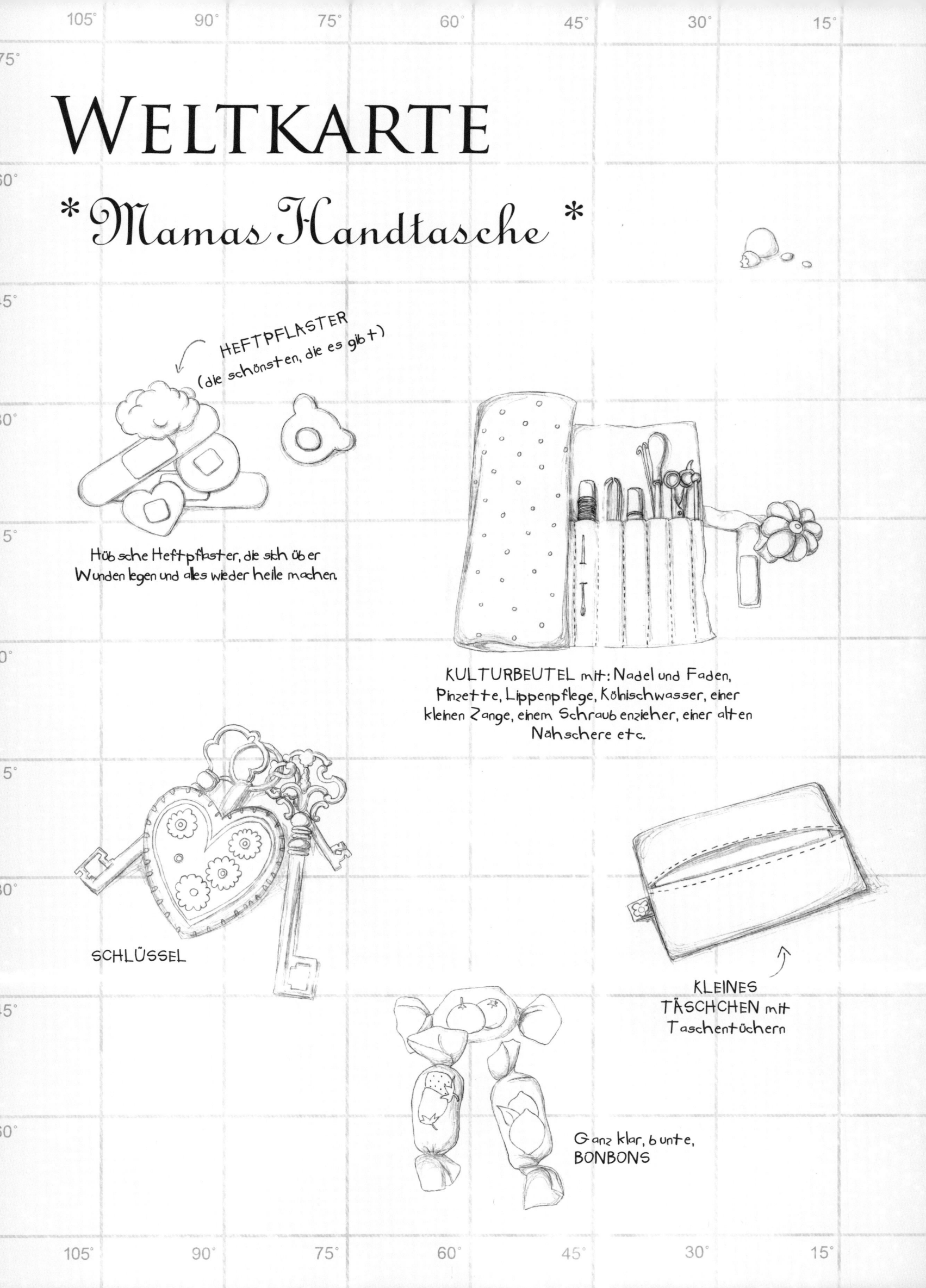

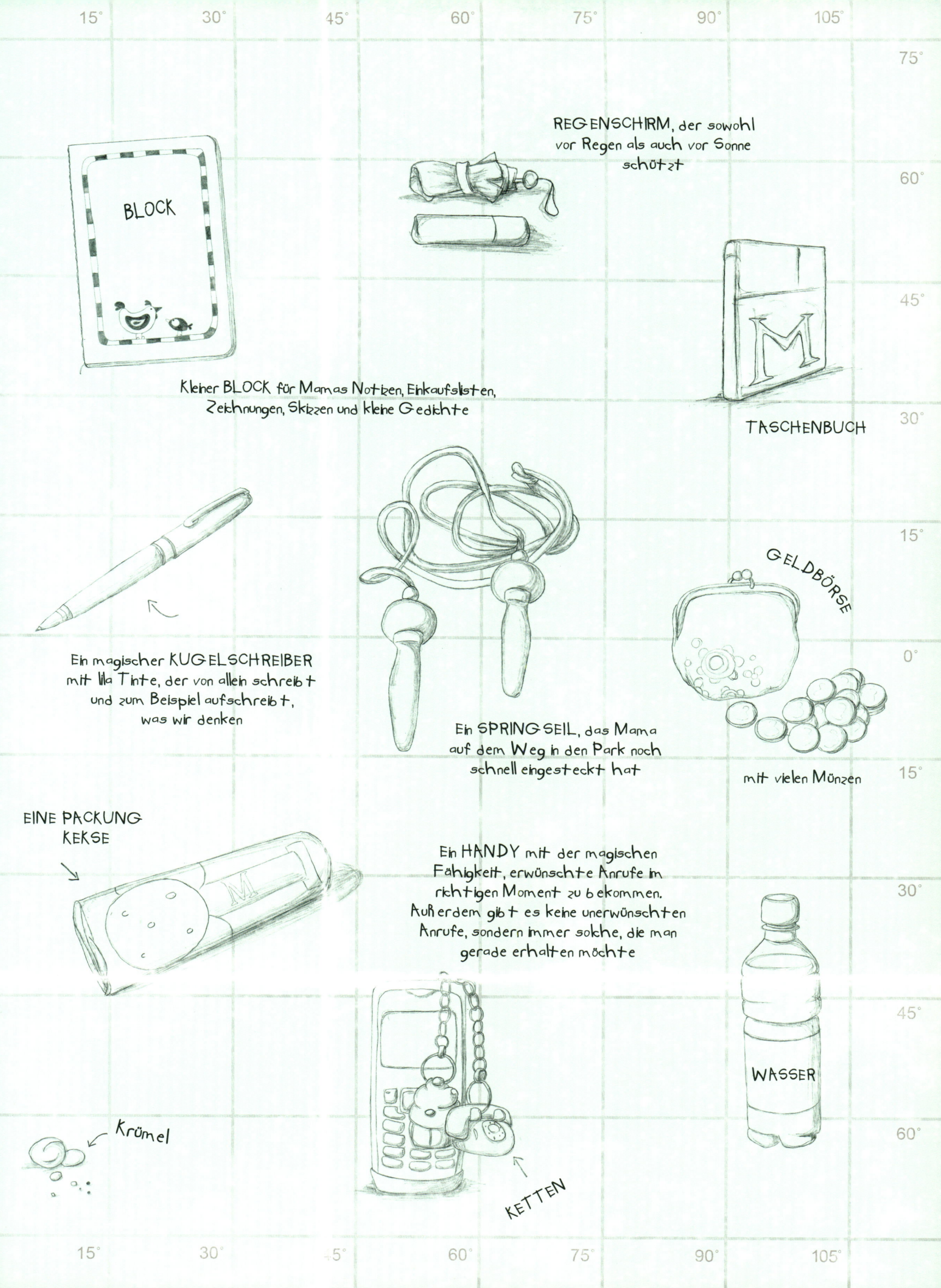

**DER
MOZART-EFFEKT**

Ein Effekt, so einfach und doch so kompliziert, der wie ein Moment von Fröhlichkeit einem Wort, das sich auf Freiheit reimt, auf schnelle, sichere und unmittelbare Weise entstspringt. Mama Mozart gibt wirklich alles, sie ruft die Heinzelmännchen und den Weihnachtsmann herbei, ja jedes Märchen- und Filmgesicht, damit alle zusammen voller Freude singen und schwingen und so das Beste hervorbringen. Das ist der Mozart-Effekt, und er ist so viel einfacher als komplizierte Verbindungen zwischen Neuronen und Noten. Er entsteht nämlich allein, meint sie, aus Harmonie und Liebe...

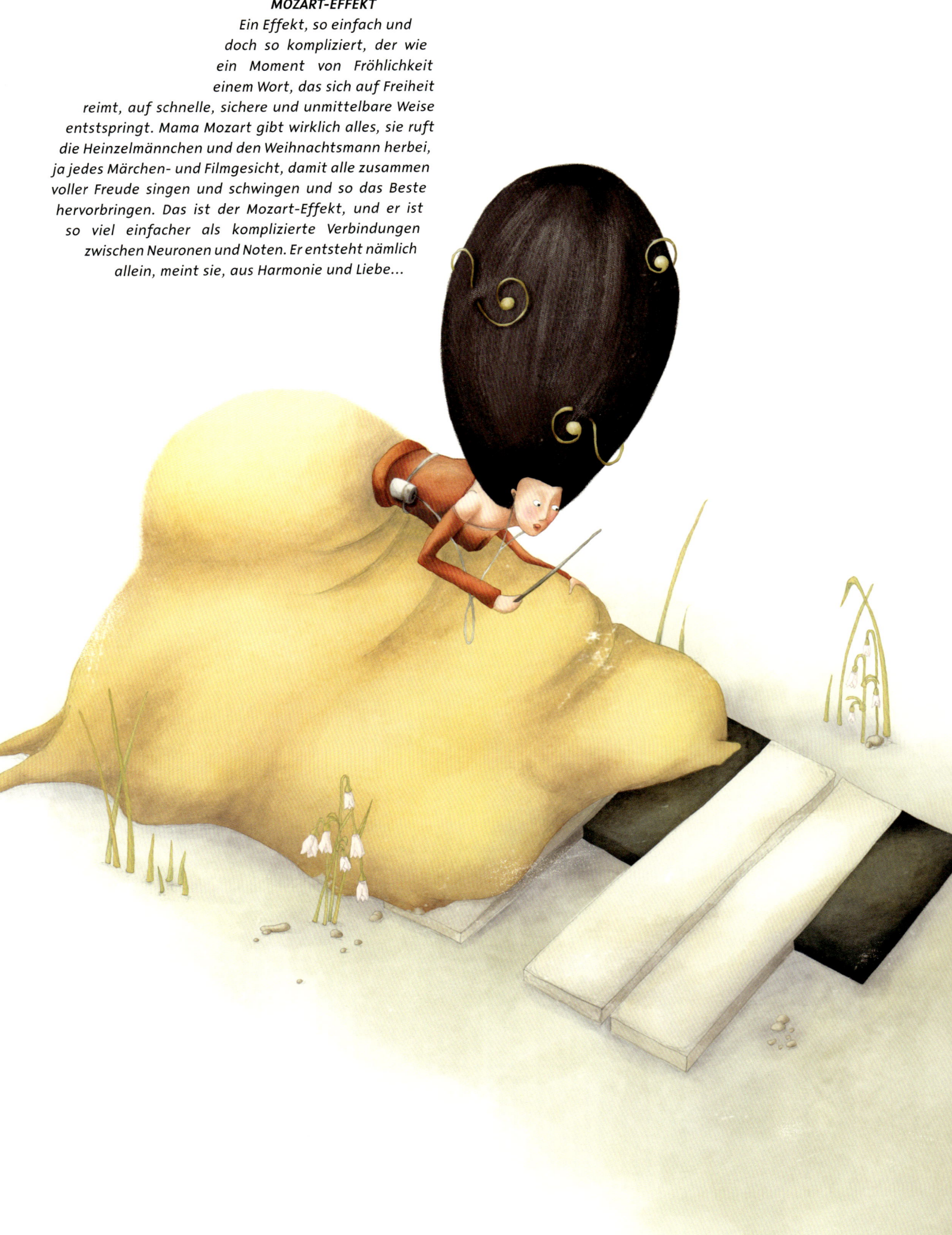

Mama Mozart

Mama Mozart hätte gerne in richtiges kleines Orchester in ihrem Haus: ein Orchester mit kleinen tragbaren Instrumenten, das sie überall mit hinnehmen kann. Sie hat zwar ihr mobiles Traumorchester durch einen MP3-Player und eine große CD-Sammlung ersetzt, aber sie ist sich sicher, dass die Musik ihre samtweichen Böllerschüsse besser live entfaltet, weshalb sie immer von Partituren und Musikern umgeben sein wollte.

Mama Mozart hört von morgens bis abends Musik. Manchmal hört sie sogar eine geheime Musik, die nur sie lautlos in sich fühlen kann. Und aus diesem Grund summt sie immerzu vor sich hin … zum Beispiel, wenn die Kinder spielen und sie zu der Szene eine Sonate hört oder wenn etwas Trauriges passiert ist und die Tränen Adagios in den Himmel malen. Oder wenn ein Witz oder Spaß gemacht wurde und ein Lachen erschallt, das an die sprühenden Funken eines Divertimentos erinnert. Und wenn im Sommer abends die Leute vor den Cafés sitzen und Limonade trinken, die Abfolge wie eine Serenade klingt. Oder wenn man das Auto für eine Reise vorbereitet und die Koffer, Taschen und Kisten im Rhythmus eines Marsches klappern … Für Mama Mozart ist das Leben ein Opus, das jeden Tag in winzigen Situationen und kleinen Momenten komponiert wird.

Das Haus von Mama Mozart könnte auch gut das Haus der Maestra genannt werden, denn aus ihm ertönen ihre neuesten Errungenschaften und Entdeckungen. Die Musik zieht die Vorhänge auf und der Wind weht die Noten – entsprungen aus einem Universum ganz eigener Harmonie und Schönheit – bis auf die Straße. Genauso liebt sie es. Es ist schön, wenn die ganze Welt weiß, dass hier, genau an diesem Ort, eine Mama Mozart lebt, die ihre Wörter und Liebkosungen mit Musik ausdrückt.

Instrumente, die mit „K" beginnen

Das Klavichord ist eine Holzkiste, die innen kleine Hämmer und Saiten hat, Vibratos erzeugen kann und genau auf die Stärke und Intensität des Fingeranschlags reagiert.

Die Klarinette, die Göttin unter den Holzblasinstrumenten, ist das agilste Orchesterinstrument von allen und weiß besser als jede andere, wie man über Hürden springt, losrennt, Pirouetten dreht und wie ein Vögelchen hüpft.

Die Klocke, äh … glocke ist eine Ankündigung, dass gleich etwas passieren wird, oder es ist ein langes, verspieltes Lächeln. Ihr leises Klimpern kann aber auch die nachklingende Spur eines Kobolds sein, der frech und auf leisen Sohlen umherschleicht und mit dem Orchester Fangen spielt.

Mama Meerjungfrau

Es war einmal ein kleines Mädchen, das liebte das Meer, das Wasser, die Algen, die Fische, den Sand und die Wellen so sehr, dass es beschloss, sich in eine Meerjungfrau zu verwandeln. So konnte eine Körperhälfte immer im Wasser eingetaucht bleiben.
Das Mädchen wurde älter und älter und bald bekam es einen grün schimmernden Fischschwanz mit Schuppen, die das Licht in tausend bunten Farben reflektierten. Diesen wunderschönen Schwanz bewahrte das Mädchen in einer Kiste im Kleiderschrank auf. Daneben lagen weißer Sand, Muscheln, Seepferdchen, Seesterne und andere Schätze. Immer wenn das Mädchen einen ruhigen Moment hatte, wenn es nicht mit seinen Freunden tanzen ging, keine dicken Bücher über Meeresbiologie und Ozeanografie wälzen musste und wenn der Mond Ebbe und Flut günstig beeinflusste ... dann ging es an den Strand, schlüpfte in seinen Fischschwanz, schwamm im Meer und suchte neue Freunde.

Eines schönen Tages war das Mädchen eine junge Frau und hatte selbst Kinder. Anfangs zappelten ihre Babys in ihrem Arm wie kleine verspielte Fische und lachten in der Badewanne wie unternehmungslustige Krebse. Sie schliefen mit halbgeöffnetem Mund und lernten so, den Sauerstoff in der Luft zu suchen und nicht im Wasser.
Später, sobald sie größer wären, könnten sie Mama Meerjungfrau an den Strand begleiten, und sie würde ihnen ein paar Taucherbrillen schenken.

Heute geht sie so oft wie möglich an den Strand, ein freier Nachmittag oder ein paar freie Stunden genügen ihr schon dafür. Ihren Fischschwanz bewahrt sie immer noch wie einen Schatz auf, obwohl sie ihn gar nicht mehr so viel nutzen kann, da sie immer bereit sein muss, über den Asphalt zu rennen oder Treppen herunterzuspringen, um ihre Kinder vor Ausrutschern oder anderen Unfällen zu schützen. Trotzdem hängt ihre Lieblingskörperhälfte, dieser lange Schuppenrock, mit dem sie sich im Wasser wiegen kann, noch in ihrem Schrank, jederzeit bereit, mit ihr ins Wasser zu tauchen.
Denn Mama Meerjungfrau weiß, dass sie eines Tages in ihre eigene Welt zurückkehren wird und ihre Babys dann Brei aus Algen essen werden.

DIE AUGEN VON MAMA MEERJUNGFRAU
sind so ruhig wie das stille Meer,
so dunkel wie der Nachthimmel während eines Unwetters,
so klar wie die Sommerluft am Strand,
so tobend wie ein hoher Seegang,
so rein wie eine sanfte Welle,
so seelenruhig wie ein Salzwasserbad,
so schön wie die Verse der Dichter über das Meer.

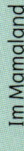

IM FISCHLADEN spielt Mama Meerjungfrau mit den Fischen und spricht mit ihnen in ihrer Geheimsprache. Ein Steinbutt berichtet ihr, wie teuer und schwierig das Leben geworden sei, und eine Gruppe Schwertmuscheln verbreitet den neuesten Klatsch und Tratsch über die dicken Großgarnelen, die sich angeblich mit ihren Freundinnen, den Kleingarnelen verlobt haben …

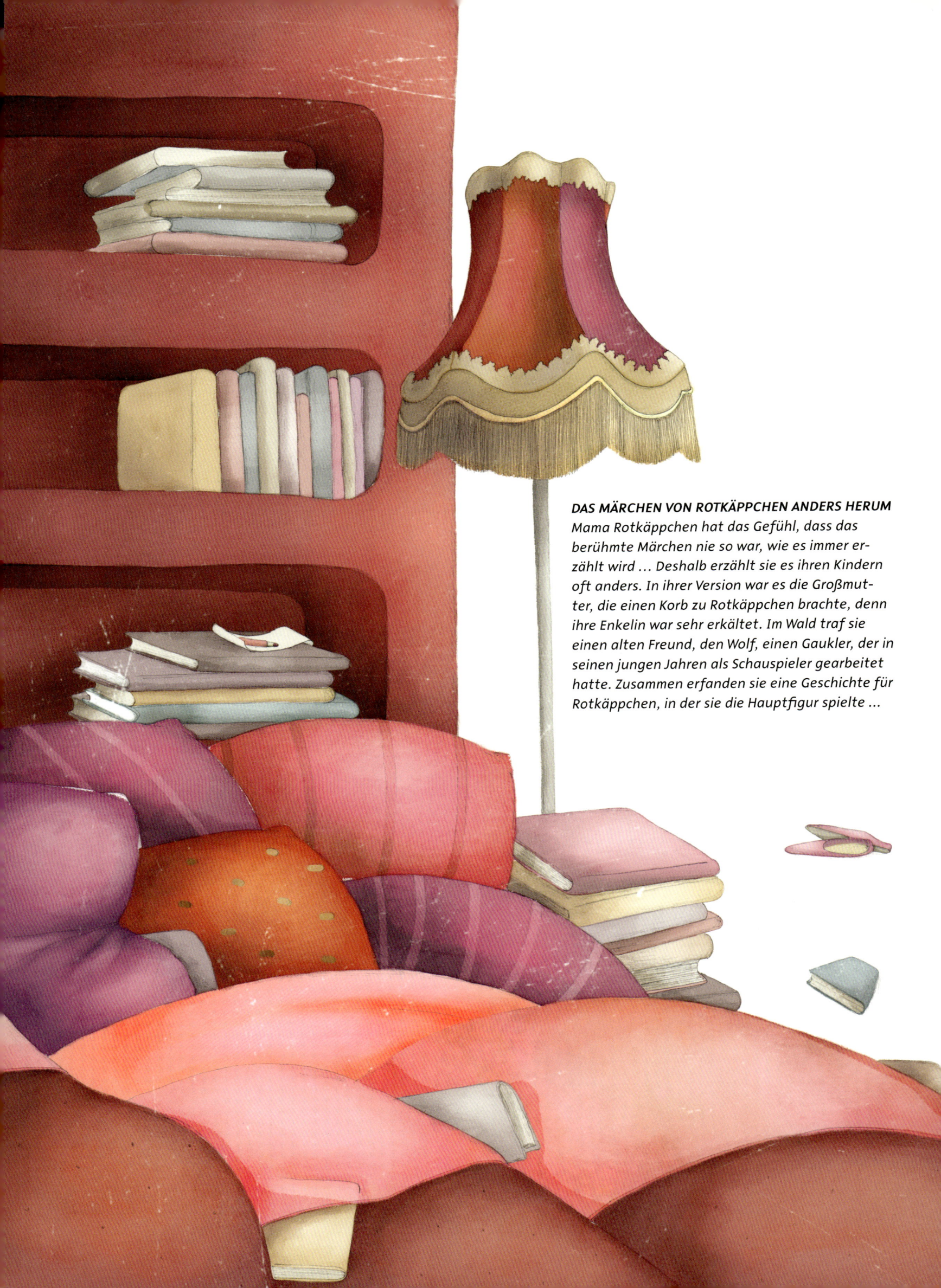

DAS MÄRCHEN VON ROTKÄPPCHEN ANDERS HERUM
Mama Rotkäppchen hat das Gefühl, dass das berühmte Märchen nie so war, wie es immer erzählt wird … Deshalb erzählt sie es ihren Kindern oft anders. In ihrer Version war es die Großmutter, die einen Korb zu Rotkäppchen brachte, denn ihre Enkelin war sehr erkältet. Im Wald traf sie einen alten Freund, den Wolf, einen Gaukler, der in seinen jungen Jahren als Schauspieler gearbeitet hatte. Zusammen erfanden sie eine Geschichte für Rotkäppchen, in der sie die Hauptfigur spielte …

Mama Rotkäppchen

Mama Rotkäppchen **trägt keine Körbe mit Kuchen und Wein**, sondern Papier und Kugelschreiber. **Und sie besucht auch nicht ihre Großmutter im Wald**, sondern streift lieber durch Bibliotheken und Buchhandlungen. Für sie sind diese vertraut wie ein heimischer Wald, denn Mama **Rotkäppchen hat keine Angst vor dem Wald**, sondern davor, zu wenig Zeit zu haben, um jeden Tag zumindest für einen kurzen Moment ein Buch in die Hand nehmen zu können.

Es stimmt allerdings, dass sie eine weite, rote Kapuze trägt, besser gesagt eine Zipfelkapuze. Kaum hatte sie das Märchen das erste Mal gelesen, wollte sie genau so eine wie die Hauptfigur haben. Also zerschnitt sie einen alten Mantel und nähte sich eine rote Kapuze daraus, die sie schon oft zum Lesen unter einem Baum aufgesetzt hat. Die Kapuze schützte sie dann vor Regen, Sonne und Kälte. Mama Rotkäppchen ist immer auf der Suche nach etwas, das sie vor jenen Dingen schützt, die ihrer Lieblingsbeschäftigung im Wege stehen. Sie liebt Bücher, diese Welten voller sich öffnender Seiten, in denen sich Märchen, Geschichten und vieles mehr verstecken.

Und so beschloss sie auch bald, dass ihre Kinder ihr in diesen Momenten Gesellschaft leisten sollten, denn

um in Ruhe lesen zu können, ist es am besten, wenn alle anderen um einen herum auch lesen.

Also las Mama Rotkäppchen ihren Kindern immer etwas vor: am Bettchen, in der Badewanne, beim Schieben des Kinderwagens, auf Reisen und Ausflügen, am Strand und in den Bergen. Heute ist Mama Rotkäppchen von lauter Leseratten umgeben, die immer mehr Bücher haben wollen und die es einem nur ungern verzeihen, wenn man sie beim Lesen stört.

ROTKÄPPCHENS GROSSMUTTER
Rotkäppchens Großmutter mochte weder Süßigkeiten noch Kuchen. Ihr war es viel lieber, wenn ihre Enkelin ihr einen schönen Roman mitbrachte. Sie war auch schuld an Rotkäppchens Leseleidenschaft, denn sie hatte ihr als erste zu verschiedenen Anlässen Bücher geschenkt, zum Beispiel als Rotkäppchen das Lesen lernte, als ihr erster Zahn herausfiel, als sie die Mathematikprüfung bestand (obwohl es ihr so schwer fiel, Gleichungen zu bilden), zu Weihnachten oder zum Beginn der Sommerferien. Rotkäppchens Großmutter wusste, dass man Wölfe am besten bekämpft, indem man viele Bücher liest und ihnen direkt in die Augen schaut.

Mama Monet

Mama Monet hat Augen, mit denen sie alle erdenklichen Farben sieht: die Farbe des Regens, der Sommerabende, der Seifenblasen, der Musik und Umarmungen. Und Mama Monet ist sich 100 Prozent sicher, oder mit ihren Worten ausgedrückt, 100 Pinselstriche sicher, dass alles eine Farbe hat: Küsse sind weiß und Lieder orange, rot oder rosa; Dämmerungen leuchten violett und Trauer schimmert blau. So kann sie Momente nach Farbtönen sortieren: Den Strand im August ordnet sie dem Smaragdgrün zu, Geburtstage dem Kirschrot und ruhige Tage dem Himmelblau.

In ihrer Tasche trägt sie eine kleine Farbpalette, um das Licht und die Farben einzufangen: hier eine Brücke, da eine Blume, dort ein Teich, ein geöffnetes Fenster, später ein raschelnder Fächer, verhallende Schritte auf der Straße, das Schaufenster eines Spielzeugladens. Mama Monet zückt ihren Pinsel und nimmt die Farbspuren auf, die der Wind immer dort hinterlässt, wo sie gerade ist. Ihre Augen sind wie zwei riesige Fernrohre, die Farbtöne und Farbskalen aufteilen und so die feinen Nuancen besser erfassen.

Nachts kneift sie manchmal die Augen etwas zu, um die Schatten besser zu erkennen und jene Farben einzufangen, die das davonziehende Licht losgelassen hat. Denn sobald Kinder schlafen, Kuscheltiere sich wieder ins Regal zurückziehen und Bücher sich zuklappen, breitet sich die Dunkelheit in kleinen bunten Farbschatten aus.

DIE LIEBLINGSLANDSCHAFT VON MAMA MONET
ist in einen Nebel getaucht, der mit seinem feuchten Schleier das Licht verdeckt. Die trägen Wolken drücken ihn in die Landschaft, in der sich das kräftige Gelb und das Farbgemisch der heiteren Tage verstecken. Mama Monet liebt Nebel, weil sie sich dann umso mehr auf die Sonne und den Himmel freuen kann. Und wenn der Nebel durch Zufall mal eine Brücke verdeckt, zückt Mama Monet ihren Pinsel und malt sie mit viel Gefühl nach.

DAS ATELIER VON MAMA MONET
Ihr Atelier ist in ihrer Traumkiste voller Pinsel, Staffeleien, Zeichenkoffer, Kästchen, Leinen und Rahmen versteckt. Sie würde es gerne L'atelier de rêves (das Traumatelier) nennen, aber um ehrlich zu sein, ist ihr die Kiste für unterwegs zu schwer. Deshalb kürzt sie ihre Träume ein bisschen ab und malt sie mit einem kleinen Aquarellkasten und Pinsel, und in ein kleines Buch schreibt sie mit bunten Stiften, was sie jeden Tag entdeckt hat.

𝒦atzen haben sieben Leben und Mama Katze hat sieben Arten, Geschichten zu erzählen, sieben Arten, Kinder zu Bett zu bringen, sieben Lieblingskäsesorten und mindestens sieben Wege, über Dächer zu laufen. Es gibt aber andere Dinge, die Mama Katze auf mehr als sieben Arten beherrscht: zum Beispiel die Leichtigkeit im Jagen, die zum Beispiel die Geduld mit Wollknäueln, die tausend unterschiedlichen Schnurrgeräusche und die unstillbare Lust zu spielen. Mama Katze jagt ihr Essen in den Supermärkten und macht dort die beste Beute. Sie findet stets den köstlichsten Fisch, die leckerste Leberpastete oder den zartesten Schinken. Und all das erbeutet sie in überraschend kurzer Zeit. Zu Recht macht sie stolz einen Katzenbuckel, wenn ihr Jagtalent gelobt wird. Ihre Geduld wiederum kommt daher, dass sie unermüdlich Sonnenstrahlen sucht und findet, um sich darin zu räkeln und sofort in einen erquickenden und süßen Schlaf zu fallen. Beim Aufwachen lässt sie ihre Augen noch halb geöffnet, damit die Glückseligkeit ihr nicht so schnell entwischt.

KATZENLEXIKON
Über siebentausend Seiten langer, unglaublich informativer Überblick über die Welt der Katzen: über ihre Geschichte, ihre Geografie, ihre Gewohnheiten, ihre Errungenschaften sowie eine Zeittafel ihrer Existenz.
Ein Werk, das in keinem Haushalt fehlen sollte. Geschrieben von dem Arzt Felix Silvester Catus, weltbekannter Spezialist für das Rattenfangen und das Fünf-Sekunden-Putzen. Sein lexikon wurden sogar von Berühmtheiten wie dem gestiefelten Kater, Garfield oder den Aristocats gewürdigt.

Ihr Schnurren, Miauen, Knurren und ihr kleines Heulen bilden ihre Geheimsprache. Sie miaut, wenn sie die Kinder bittet, aus dem Auto auszusteigen; sie knurrt, wenn sie liegen gelassenes Spielzeug aufheben muss; sie miaut und schnurrt zufrieden am Bett ihrer Jungen.

Die Lust am Spielen, also am Neuentdecken und Erfinden der Welt, hatte sie schon als kleines Kind. Deshalb würde Mama Katze auch für eine Kitzelattacke oder einen Wettkampf im Hochspringen alles andere stehen und liegen lassen. Aber am meisten liebt sie eine ausgiebige Streicheleinheit.

Dieses Sextett besteht aus fünf Musikern mit schwarz-weißen Gehröcken und einer eleganten braunen Katze: Mitscho, Mickifuss, Minino, Felino, Morrongo und die schöne Katzendame Miau treten nur im Mondlicht und nur an besonderen Orten auf. Sie präsentieren ein großes Repertoire und begeistern durch ihre Kunstfertigkeit und ihre einzigartige Musikalität.

Katzenorchester

Mama Rennwagen

Mit ihrer Schnelligkeit überraschte Mama Rennwagen schon immer. Sie kann rennen, kommt stets pünktlich und bringt in den wenigen Stunden des Tages tausend verschiedene Aktivitäten unter. Die Dinge erledigt sie immer unglaublich schnell: ins Schwimmbad eilen, schwimmen, spielen, nach Hause eilen, den Haushalt machen, Knaller und Wunderkerzen für den Silvesterabend besorgen, im Herbst das Laub wegfegen, das Auto waschen, Schneemänner bauen und noch vieles mehr …

Jetzt trägt Mama Rennwagen einen kleinen Wagen und eine Tasche voller Spielzeug. Aber trotz des Gewichts wird sie nicht langsamer und ihre Welt bleibt immer noch ihr bester Antrieb. Der Motor schnurrt beim Warmmachen und knurrt beim Rekordebrechen auf den Rennstrecken: Schule – Arbeit, Arbeit – Restaurant, zuhause – Geschäft und Küche – Schlafzimmer.

Jeden Tag gibt es eine neue Rennstrecke, Mama Rennwagen springt aus der Box und bleibt eine unbezwingbare Formel 1-Siegerin, die als erste die schwarz-weiß-karierte Fahne geschwenkt sieht. Ist Mama Rennwagen erst einmal angesprungen, rast sie 24 Stunden wie ein roter Blitz, um alle wichtigen Dinge zu erledigen. Mit einer roten Sonne an ihrer Seite prescht Mama Rennwagen dank ihrer vier heißen Räder vor. Der Wind macht die Sicht frei, damit kein Hindernis ihren Weg blockiert, und der Spoiler zirkuliert die Luft.

Mama Rennwagen erreicht ihr Ziel und hält jeden Abend einen Pokal in die Höhe. Der verleiht ihr Kraft für das nächste Rennen, gleich morgen, wenn sie erneut antreten und als beste Rennfahrerin siegen wird.

AUF DEM SIEGERPODEST …
Auf dem Siegerpodest erinnert sich Mama Rennwagen an all die ehemaligen Siegerinnen, zum Beispiel Oma Rally. Sie raste jeden Tag die Strecke von ihrer kleinen Marktbude bis zur obersten Wohnung eines alten Hauses ohne Fahrstuhl, wo ihre Kinder schon fürs Abendessen auf sie warteten. Damit ehrt sie alle anonymen Rennkameraden, die Kriege, Hunger und anderes Elend überlebt und später hinter sich gelassen haben.

HOCH OBEN AM HIMMEL ...
*Mama Rennwagen ist auch ein rasender, extrem leichter Meteor,
der lange Feuerspuren am Himmel hinterlässt. Wenn sie hoch oben am Himmel durch
den Weltraum zieht, hinterlässt sie einen langen Lichtschweif, den wir von hier unten
minutenlang sehen können.*

Mama Schere
„Wo ist die Schere?"

Mama Schere hörte diesen Satz so oft, als sie klein war, dass sie träumte, sich eines Tages in eine Superheldin zu verwandeln, die immer genau wüsste, wo alle Sachen sind, wo die Schokolade aufbewahrt wird, die Brille, die Schlüssel und die Fernbedienung … Und vor allem die Schere, jenes Werkzeug, das merkwürdigerweise dazu neigt, sich wie durch Zauberhand gelenkt immer zu verstecken.

Als sie älter wurde, entdeckte Mama Schere, dass die Welt voller scheinbar unwichtiger Dinge war, die dennoch lebten – Pappkartons, Papierrollen, Plastiktüten und Papierstapel, um nur einige zu nennen. Die Königin der alltäglichen Geräte, die mit ihrem Verschwinden Welten zum Einstürzen bringen kann, ist jedoch die Schere. Und genau deshalb hat Mama Schere es sich angewöhnt, immer unverzichtbar, tatkräftig und nützlich zu sein, mit anderen Worten: **Sie hat immer eine Schere bei sich.**

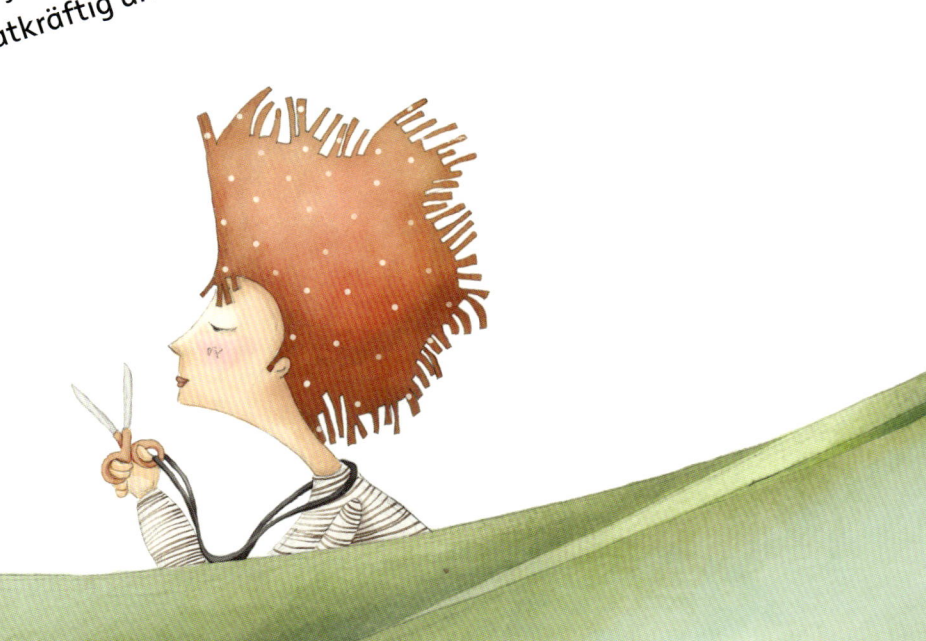

Dank ihrer fein geschliffenen Metallblätter kann Mama Schere alle möglichen Verpackungen öffnen. Sie ist eine wahre Expertin im Abschneiden von Dingen, die unbrauchbar, und im Zurechtschneiden von Dingen, die brauchbar sind.
Wie keine andere beherrscht sie das
Zerreißen, Zerschneiden, Zuschneiden, Streifenschneiden, Ausschneiden und Abrunden.
In einer Geheimkiste bewahrt sie eine kleine goldene Schere auf. Vor vielen, vielen Jahren bekam sie diese von ihrer Großmutter geschenkt, die ihr damals verriet:

„Bewahre sie gut auf, mein Kind, denn wem die Schere gehört, dem gehört die Welt."

BEIM AUSSCHNEIDEN

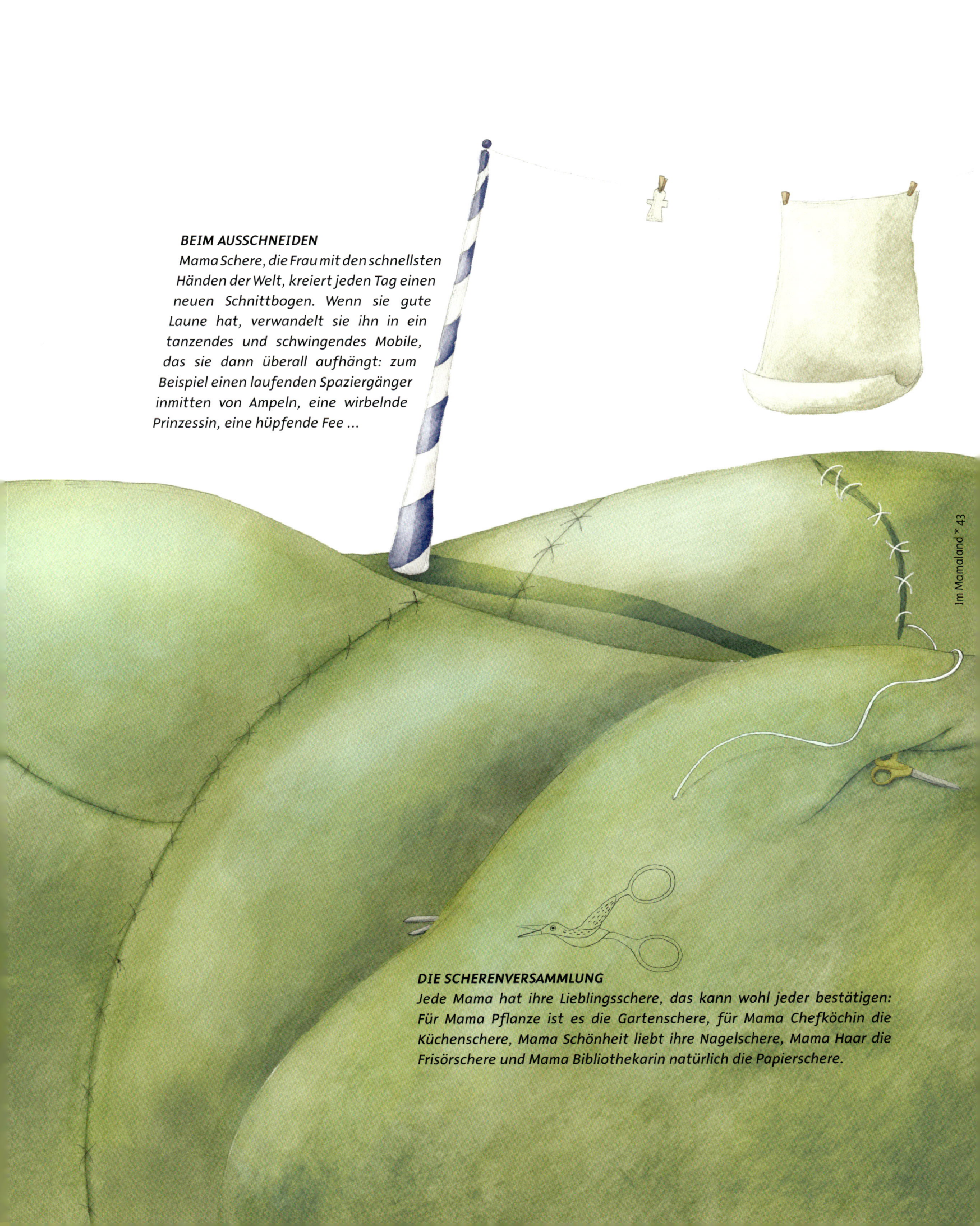

Mama Schere, die Frau mit den schnellsten Händen der Welt, kreiert jeden Tag einen neuen Schnittbogen. Wenn sie gute Laune hat, verwandelt sie ihn in ein tanzendes und schwingendes Mobile, das sie dann überall aufhängt: zum Beispiel einen laufenden Spaziergänger inmitten von Ampeln, eine wirbelnde Prinzessin, eine hüpfende Fee …

DIE SCHERENVERSAMMLUNG

Jede Mama hat ihre Lieblingsschere, das kann wohl jeder bestätigen: Für Mama Pflanze ist es die Gartenschere, für Mama Chefköchin die Küchenschere, Mama Schönheit liebt ihre Nagelschere, Mama Haar die Frisörschere und Mama Bibliothekarin natürlich die Papierschere.

Mama Segelschiff

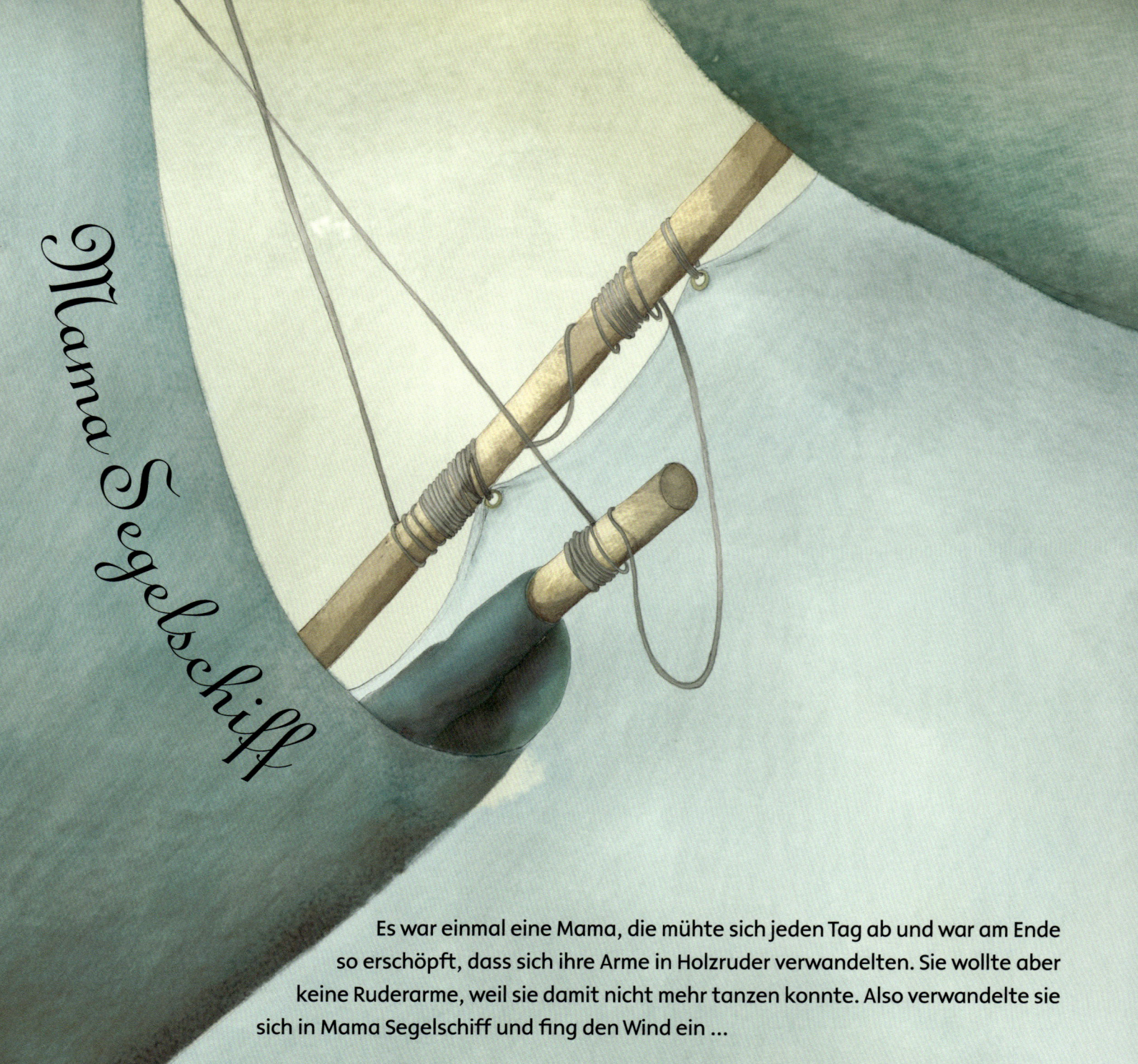

Es war einmal eine Mama, die mühte sich jeden Tag ab und war am Ende so erschöpft, dass sich ihre Arme in Holzruder verwandelten. Sie wollte aber keine Ruderarme, weil sie damit nicht mehr tanzen konnte. Also verwandelte sie sich in Mama Segelschiff und fing den Wind ein ...

„Leinen los!" Angetrieben von ihren nagelneuen Segeln kann Mama Segelschiff ganze Kisten voll Fische fangen, die zusammen mit sauren Gurken und Pommes Frites das Lieblingsessen bei ihr zuhause sind. Immer wieder segelt sie kurze Strecken entlang: zur Arbeit, zur Schule, zum Markt oder zu Verabredungen mit ihren Freunden. Dann und wann segelt sie auch längere Strecken zurück: zum Strand, zum Flughafen oder ans Ende der Welt. Von ihrem kleinen Klipper aus verhandelt Mama Segelschiff mit Chefs, Lehrern, Sekretärinnen, Ärzten, Verkäufern ... Mama Segelschiff navigiert, segelt los und legt langsam, aber sicher wieder an.

Segelnd tanzt sie durch die Meerenge nach Norden und bleibt auf Kurs, bis sie den Stürmen entflohen ist und die Flaute alles wieder beruhigt hat. Mit der Zeit ist sie eine Segelexpertin geworden und weiß, wie sie sich am Mast festhält, Unwetter vorüberziehen lässt und sich tapfer aufrecht hält. Sie kämpft in voller Montur, setzt die Segel, nimmt Kurs und richtet das Schiff aus. Mama Segelschiff ist eine Kennerin der Meere, Winde und Bewegungen.

DIE FURCHT ERREGENDEN GESCHWISTER WINDSEITE UND LEESEITE
Auch wenn sie Mama Segelschiff keine Angst machen, erscheinen ihr auf ihren Fahrten oft zwei fortlaufend streitende Zwillingsschwestern: Windseite und Leeseite. Die eine ist das Gegenteil der anderen, doch beide sind gleichermaßen nützlich. Welcher sollte sie trauen? Etwa Windseite, von wo aus der Wind bläst? Oder doch lieber Leeseite, die immer genau dort ist, wo der Wind sich gerade verabschiedet? Oder gar beiden? Und welche der zwei sollte sie zuerst besuchen? Mit wem länger plaudern? Und wem mehr Recht geben?

BEIM STUDIEREN ...
Mama Segelschiff schließt sich abends in ihrem Zimmer ein, um bändeweise Bücher über Physik, Nautik und Kartografie zu lesen. Sie zündet bunte Kerzen an und blättert ohne Pause Seite um Seite um, damit sie am nächsten Tag noch besser segeln kann. Doch sie studiert auch Bücher über Tänze mit vielen rauschenden Bewegungen, die sie alle gleich morgen ausprobieren wird. Zunächst lässt sich Mama Segelschiff jedoch vom Meer in einen sanften, friedlichen Schlummer wiegen ...

GROSSES THEATER

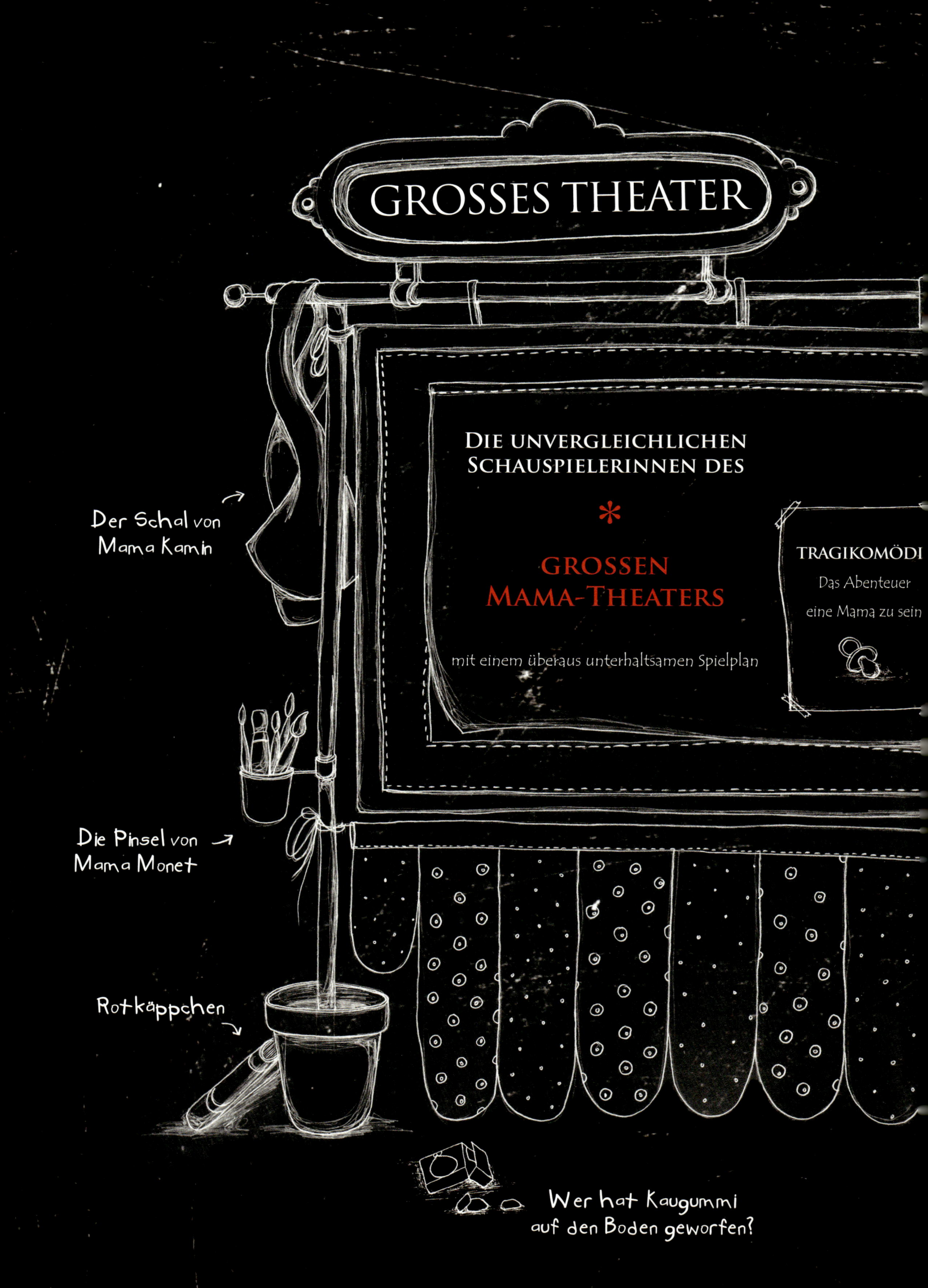

Die unvergleichlichen Schauspielerinnen des

*

GROSSEN MAMA-THEATERS

mit einem überaus unterhaltsamen Spielplan

TRAGIKOMÖDI[E]
Das Abenteuer eine Mama zu sein

Der Schal von Mama Kamin →

Die Pinsel von Mama Monet →

Rotkäppchen →

Wer hat Kaugummi auf den Boden geworfen?

KOMÖDIE
Das lustigste
Abenteuer
der Welt

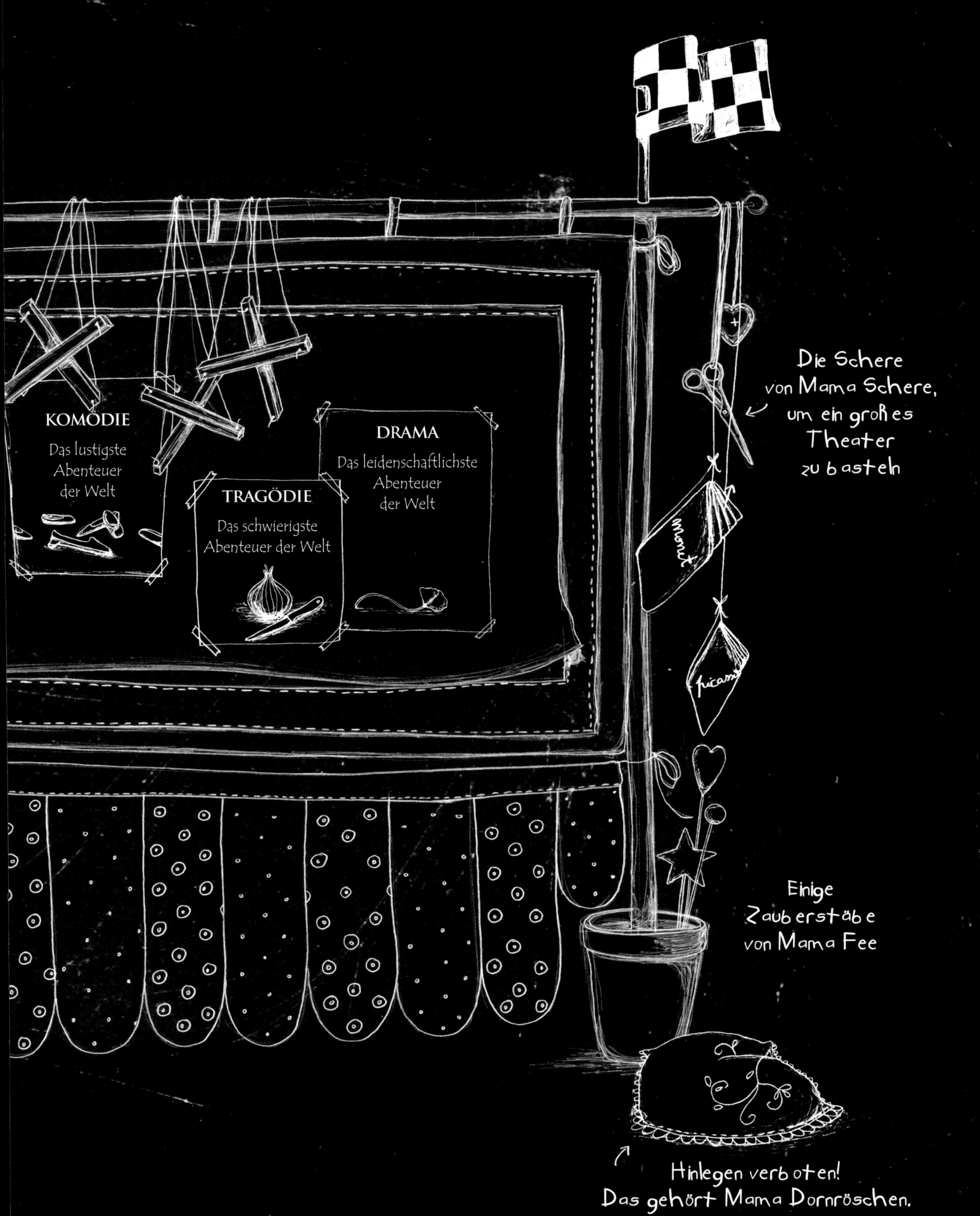

TRAGÖDIE
Das schwierigste
Abenteuer der Welt

DRAMA
Das leidenschaftlichste
Abenteuer
der Welt

Die Schere
von Mama Schere,
um ein großes
Theater
zu basteln

Einige
Zauberstäbe
von Mama Fee

Hinlegen verboten!
Das gehört Mama Dornröschen.

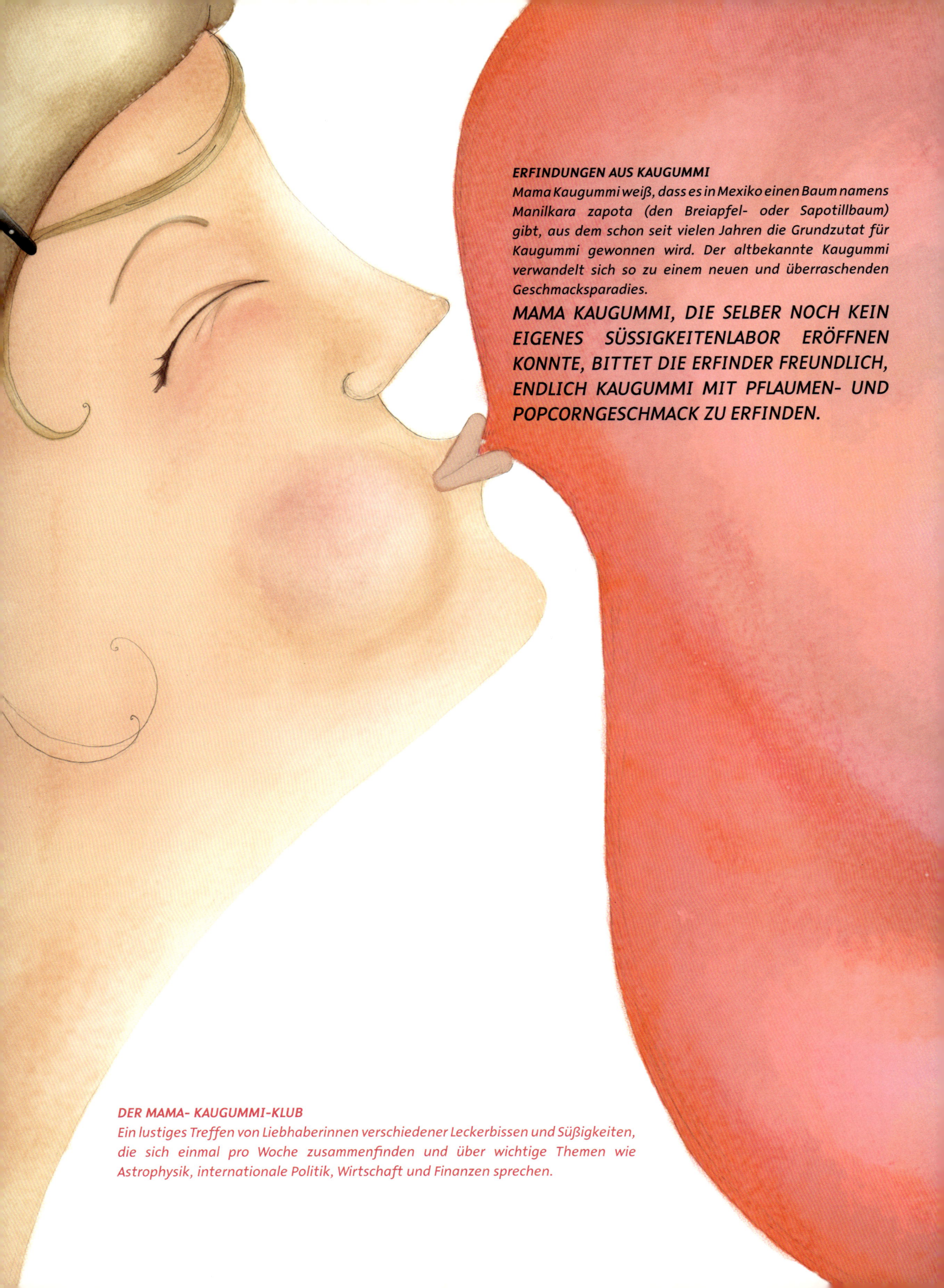

ERFINDUNGEN AUS KAUGUMMI
Mama Kaugummi weiß, dass es in Mexiko einen Baum namens Manilkara zapota (den Breiapfel- oder Sapotillbaum) gibt, aus dem schon seit vielen Jahren die Grundzutat für Kaugummi gewonnen wird. Der altbekannte Kaugummi verwandelt sich so zu einem neuen und überraschenden Geschmacksparadies.

MAMA KAUGUMMI, DIE SELBER NOCH KEIN EIGENES SÜSSIGKEITENLABOR ERÖFFNEN KONNTE, BITTET DIE ERFINDER FREUNDLICH, ENDLICH KAUGUMMI MIT PFLAUMEN- UND POPCORNGESCHMACK ZU ERFINDEN.

DER MAMA- KAUGUMMI-KLUB
Ein lustiges Treffen von Liebhaberinnen verschiedener Leckerbissen und Süßigkeiten, die sich einmal pro Woche zusammenfinden und über wichtige Themen wie Astrophysik, internationale Politik, Wirtschaft und Finanzen sprechen.

Mama Kaugummi

Triffst Du eines Tages auf eine leuchtend bunte Mama, die sich so dehnen kann, als wäre sie aus Gummi, dann steht vor Dir tatsächlich eine Mama Kaugummi. Nimm ihre Hand und spüre selbst, wie biegsam sie ist. Und wenn sie außerdem noch saftig, sauer, süß und erfrischend schmeckt, ist das ein weiteres Zeichen dafür, dass tatsächlich eine Mama Kaugummi vor Dir steht. Dann kannst Du dich mit ihr so weit dehnen, dass Du Dich danach wunderbar entspannt fühlen wirst.

Mama Kaugummi kann sich herrlich lang ziehen: bis zur Spitze eines Hügels, der sich ihr in den Weg stellt; bis zum obersten Regal; bis zu den schönsten Orten, an denen sie sich dann entspannt niederlässt und bunte Kaugummiblasen macht. Sie weiß wie keine andere, dass die kleinsten Dinge oftmals die größte Wirkung haben. Und eine der schwierigsten Aufgaben ist es, einen klebenden Kaugummi wieder abzubekommen, denn unglaublicher Weise verbirgt sich in seinem kleinen Körper eine ungeheure Kraft.

Als sie noch klein war, schimpften ihre Lehrer und sagten ihr, sie solle ihre geliebten Kaugummis in den Müll schmeißen. Einmal war sie schon fast verlockt, die Kaugummis hinter die Tafel oder unter den Lehrerstuhl zu kleben, aber dann entschied sie sich, doch lieber zu gehorchen und sich später zu rächen … Deshalb erlaubt Mama Kaugummi auch ihren Kindern an jedem Tag im Jahr allen Tagen das Kaugummikauen.

Sie selbst kann nur so komplizierte Kreuzworträtsel lösen, rasch die Seiten eines Buches überfliegen, komplizierte Geräte anstellen (wie die Waschmaschine und den Geschirrspüler), den Zündschlüssel reinstecken, schwere Einkaufstüten tragen, große Geburtstagsfeten vorbereiten und die Blumen gießen. Mama Kaugummi träumt von einer Welt mit lustigen Gummibetten, die bis oben hin mit bunten Bällen gefüllt sind.

RANDBEMERKUNG
Alle Mamas sind so ziemlich echte Feen und wir sollten nie ihre enorme Zauberkraft unterschätzen, mit der sie die fürchterlichsten Monster und die wildesten Tiere bezwingen können.

MANCHMAL WEINT MAMA FEE, und nur sie weiß, warum. Ihre durchsichtigen und fast unsichtbaren Tränen verwendet sie für wunderschöne Ohrringe und Halsketten, die aussehen, als wären sie die teuersten Schmuckstücke der Welt.

Mama Fee

Fee *(französisch fée = Fee, Zauberin < vulgärlat. Fata = Schicksalsgöttin, Fee, von lateinisch fatum). Schönes, den Menschen meist wohlwollend gesinntes weibliches Märchenwesen, das mit Zauberkraft ausgestattet ist. (nach: DUDEN, die deutsche Rechtschreibung)*

Kobolde, Elfen, Trolle und Riesen fallen ihr ergeben zu Füßen und akzeptieren, dass Mama Fee Ruhe zum Zeitungslesen braucht und es gar nicht mag, wenn man ihren Schreibtisch verwüstet oder Schuhe und Kleidung mitten im Zimmer liegen lässt.

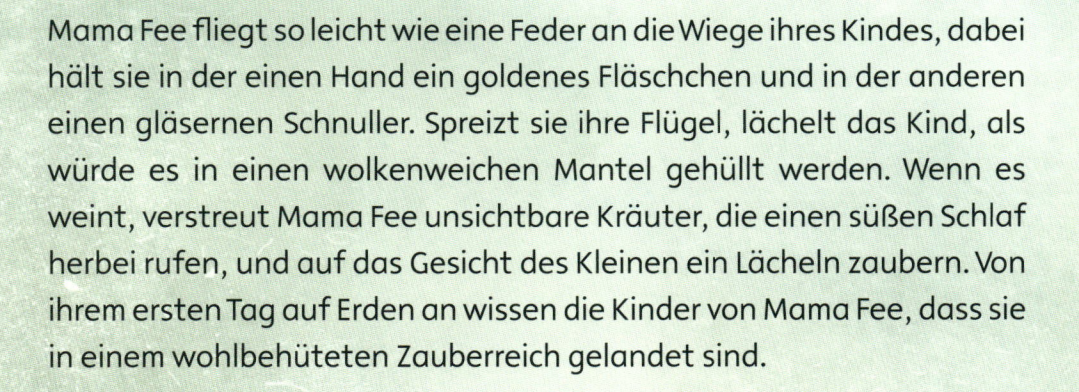

Mama Fee fliegt so leicht wie eine Feder an die Wiege ihres Kindes, dabei hält sie in der einen Hand ein goldenes Fläschchen und in der anderen einen gläsernen Schnuller. Spreizt sie ihre Flügel, lächelt das Kind, als würde es in einen wolkenweichen Mantel gehüllt werden. Wenn es weint, verstreut Mama Fee unsichtbare Kräuter, die einen süßen Schlaf herbei rufen, und auf das Gesicht des Kleinen ein Lächeln zaubern. Von ihrem ersten Tag auf Erden an wissen die Kinder von Mama Fee, dass sie in einem wohlbehüteten Zauberreich gelandet sind.

Mama Fee kann wie keine zweite im Dunkeln spielen und finstere Ecken in friedliche, leuchtende Höhlen verwandeln. Sie hält die Blumen und Pflanzen im Hause immer grün und frisch, füllt den Kühlschrank stets mit Früchten aller Art, tanzt so oft es geht, zaubert in nur einer Nacht aus einem Stück Stoff eine echte Cowboytracht oder ein Prinzessinnenkleid, organisiert die lustigsten Geburtstage und fährt das Auto an die wunderlichsten Orte mit Bäumen, Stränden oder Schlössern.

Mama Kola

Das Leben ist voller Blubberblasen: einige schmecken nach Zucker, andere nach Überraschung und ein paar wenige sind bitter. In der Welt der Blubberblasen gibt es Momente der Freude und Momente der Eile, Momente guter und schlechter Neuigkeiten, ja, es gibt einfach bessere und schlechtere Tage. Aber eines gibt es immer: Luftstöße, Bewegungen und besonders tolle Hüpfer.

Mama Kola ist die immer fröhliche, lächelnde und leckere Blubberblase, die den ganzen Tag mit unermüdlicher Energie tanzt.

Die ganze Welt findet, dass sie toll ist. Sie ist freundlich (aber nicht zu freundlich), besitzt Humor in Hülle und Fülle und ein unendliches Durchhaltevermögen … Wenn Mama Kola lächelt, wird die Welt sommerlich warm, auch wenn es draußen kalt ist. Und wenn Mama Kola laut loslacht, öffnet sich das Frühlingstor und Caféterrassen und Freibäder eröffnen, und jeder Morgen wird von Frau Sonne geküsst.

Mama Kola funkelt jeden Augenblick und strotzt nur so vor Bewegungslust, zum Beispiel, wenn sie um acht Uhr morgens die Rollos hochzieht. Und ja, auch wenn sie Witze erzählt, das Auto für den Strandausflug belädt oder nach der Schule die Taschen auspackt. Alle diese Dinge erledigt Mama Kola mit einem freudigen Prickeln, das für Freudentränen und tobendes Gelächter sorgt.

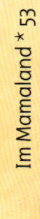

WIE SCHMECKEN MAMAS?
Diese Frage ist so unsinnig wie die Frage nach dem Geschmack der Dämmerung, der Träume, des Strandes oder Weihnachten. Es gibt Geschmäcker, die kann man nicht erklären, ja nicht einmal vergleichen. Mamas riechen aber zum Beispiel am Morgen nach Minze; nach Lakritze, wenn sie uns vor Erkältungen schützen; nach Zitrone, wenn sie die Badewanne mit Schaum füllen, und nach Rosen, wenn sie ihren Kindern beim Schlafen zusehen.

Mama Zauberin

ZAUBERSPRUCH FÜR EIN FRÜHSTÜCK
Das-ist-ein-Zauberspruch-klein-und-fein-damit-die-Milch-nicht-überläuft,-nein,-und-die-leckersten-Croissants-auf-Erden-auf-meinem-Teller-landen-werden …
(Man sage den Spruch mit tiefer Stimme, während man die Vorhänge aufzieht, einen Blick nach draußen wirft und die Frage klärt: Regenschirm oder Sonnenhut?)

ZAUBERTRANK GEGEN DAS WEINEN
Tränen, die sich aus deinen Augen davonstehlen wollen, sind in Wahrheit Wassertropfen. Sie stammen vom Meer, an dem Du so gerne bist. Fange sie vorsichtig ein, als wären sie der Abschied eines Geigenspielers, und sieh entspannt nach vorne. Wenn immer noch Tränen da sind, befülle Flaschen damit und lasse sie in der Mittagssonne verdunsten.

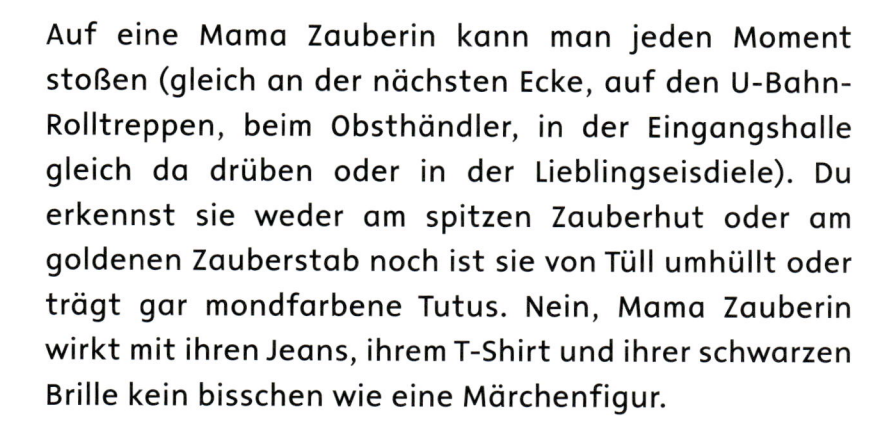

Auf eine Mama Zauberin kann man jeden Moment stoßen (gleich an der nächsten Ecke, auf den U-Bahn-Rolltreppen, beim Obsthändler, in der Eingangshalle gleich da drüben oder in der Lieblingseisdiele). Du erkennst sie weder am spitzen Zauberhut oder am goldenen Zauberstab noch ist sie von Tüll umhüllt oder trägt gar mondfarbene Tutus. Nein, Mama Zauberin wirkt mit ihren Jeans, ihrem T-Shirt und ihrer schwarzen Brille kein bisschen wie eine Märchenfigur.

Ja, auch ohne rote Lackschuhe und Zaubersprüche kann man eine echte Zauberin sein, eine große, einzigartige Wunderheilerin, eine sensationelle starke und kundige Erschafferin größter Magie, Wunder und Zauberkunst.

Mama Zauberin weiß genau, wie sie Tage bis zu 50 Stunden verlängern kann, damit sie genug Zeit zum Lesen, Träumen, Wäschewaschen und Wäscheaufhängen hat, zur Uni fahren und wieder kommen, Medikamente besorgen, ein Buch ins Finnische übersetzen oder Fotos in ein Album einsortieren kann.
Mama Zauberin sorgt dafür, dass ihre Kinder die Nacht ohne Fieber überstehen, auch wenn ihre Mandeln geschwollen sind. Außerdem kennt sie ein paar gute Strategien gegen die gefährlichsten Insekten, sie weiß, wie sie nächtliche Kakerlaken mit Seidenpantoffeln verjagt und große Moskitos mit Boxhandschuhen vertreibt.

Sonntags verwandelt Mama Zauberin Hüte in Brathähnchen und Blumentöpfe in Erdbeerkuchen und Schokolade. Montags verzaubert sie Matratzen in Feuerwerkskörper, dienstags Taschentücher in Strände, mittwochs verschnauft sie für die Pokerrunde mit ihren Freundinnen, und donnerstags kehrt sie in die Welt der Magie zurück, fährt fliegende Autos und verwandelt Bettlaken in flatternde Teppiche. Freitags und samstag lächelt Mama Zauberin wie eine gute Hexe und ist sogar noch „zauberhafter" als sonst.

Mama Piano

Wenn Mamas mit ihren Händen träumen und in der Lage sind, ernst, aber mit der Freude eines zwitschernden Vogels zu lachen, dann verwandeln sie sich in eine Mama Piano. Dann werden ihre Hände noch sanfter, noch flinker, noch sicherer und noch weicher.

Wenn die Nacht anbricht und das Fieber ansteigt, wenn am Nachmittag die regnerischen Stunden zu langweilig werden, wenn es am Morgen schwerfällt, aus dem Bett zu kommen, oder wenn etwas plötzlich kaputtgeht – Mama Piano hält stets eine süße Melodie parat. Es ist ihre ganz besondere Musik, die nach Karamell schmeckt, Wunden heilt, Thermometer hält, vergessenes Spielzeug rettet und Schlafanzüge verbannt. Ihre Hände tanzen dabei so schnell, als sei nichts geschehen und als würde sie die Musik nur aus der Luft pflücken.

Das Instrument von Mama Piano hat schon so einiges überlebt: Umzüge, Ferien, Ausflüge aufs Land und ans Meer. Es ist so klein, dass es sich überall mit hinnehmen lässt. Es bläst sich wie ein Zauberschlauch von allein auf und verwandelt sich in einen Flügel, mit dem Mama Piano tausend Abenteuer erzählen kann. Und weil sie so begabt ist, klingt jedes Abenteuer aufs Neue schön und ihre magischen Finger verzaubern die Töne tausender Sonaten.

PARTITUREN:
Im Bauch von Mama Piano schlummern Kantaten, Walzer und viele andere Melodien. Sie alle warten nur auf ihren Einsatz. Wenn Mama Piano Zeit hat, ordnet sie Notenlinien, putzt die Noten und spielt von nachmittags bis abends Klavier. Im Moment jedoch genügt es ihr, den Klavierdeckel zu öffnen und die folgenden Stücke zum Klingen zu bringen:

„Opus 1 – Für eine Piratin, wenn sie in die Badewanne steigt"

„Sinfonie der Schlafanzüge, Kissen und Geschichten im Taschenlampenlicht"

„Stück für vier Hände für Pianoforte: Gegenmittel für einen durch Schokolade verdorbenen Magen"

„Ballade für müde und glückliche Mamas"

„Das Lied für große Kinder und kleine Papas"

← faltbare klaviatur

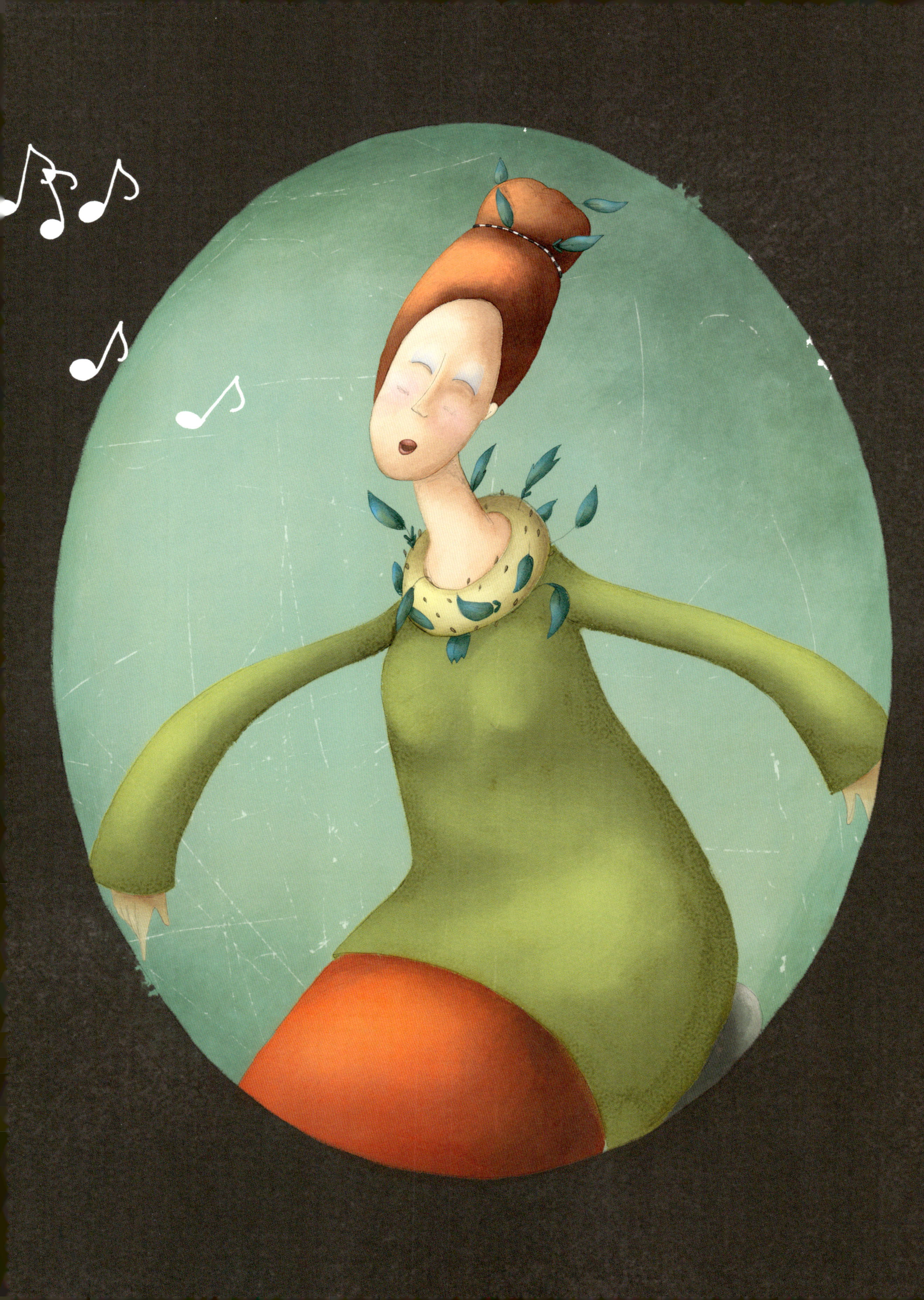

Mama Prinzessin

Es gibt Prinzessinnen, die leben in Märchenschlössern
und haben langes, goldenes Haar, rote Lippen und himmelblaue Augen.
Und dann gibt es Prinzessinnen, die leben in Hochhäusern, tragen einen
Pferdeschwanz und haben braune Augen. Es gibt Prinzessinnen, die in
gläsernen Pantoffeln tanzen und pompöse Kleider mit Reifrock und
Edelsteinen tragen. Und dann gibt es Prinzessinnen,
die in Jeans, T-Shirt und Stiefeln umherrennen,
am Handgelenk eine Plastikuhr tragen und um die
Schulter eine Umhängetasche

mit lauter Krempel drin.

Mama Prinzessin wohnt in keinem Palast,
sie schläft in keinem Himmelbett und
unter ihrer Matratze liegen auch keine Erbsen.
Um sie herum tummeln sich keine Hofdamen
und es halten auch keine Jünglinge oder Ritter
um ihre Hand an. Sie wartet weder am Fenster hoch oben
in einem Turm, noch kämt sie sich dabei das lange Haar.
Sie fährt nicht in der Kutsche und eröffnet keinen
Ball in einem Ballkleid und mit einem

Diadem im Haar ...

Mama Prinzessin und all die anderen Prinzessinnen haben gemeinsam, dass sie an Märchen und
an ein Happy End glauben, in dem Prinzen sie zum Tanz ausführen, Kinder in ihren Wiegen friedlich
schlummern und alte Geschichten vom immerwährenden Traum des „Wenn sie nicht gestorben sind,
dann leben sie noch heute" erzählt werden.

PS:
Es gibt keine Mama, die auf ihre Art nicht auch eine Prinzessin wäre.
Und um das zu verstehen, musst Du nur an Mama denken. Gibt es eine Prinzessin,
die schöner, anmutiger, weiser und großzügiger als Mama ist?

DER SCHMUCK VON MAMA PRINZESSIN

Im Sommer trägt Mama Prinzessin einen Kranz aus **Kirschen**,

im Herbst ein Diadem aus geflochtenen **Weinblättern**,

im Winter eine Krone aus **Schnee und Marzipan**

und im Frühling krönt sich Mama Prinzessin mit **Margeriten und Erdbeeren**.

DER MAMA-PRINZESSIN-WALZER
Das Glück tanzt man wie einen Walzer: Langsam am Anfang, dann dreht man sich im Kreise und lässt die Schritte so sanft über das Parkett gleiten wie ein zu Boden fallendes Taschentuch. Mama Prinzessin tanzt immer dann Walzer, wenn ihre Kinder sie mit einem Lächeln überraschen, wenn Geburtstage oder Erfolge gefeiert werden oder wenn sie Urlaub hat … Immer dann steht Mama Prinzessin bereit und eröffnet mit dem ersten Walzer des Abends die Tanzfläche …

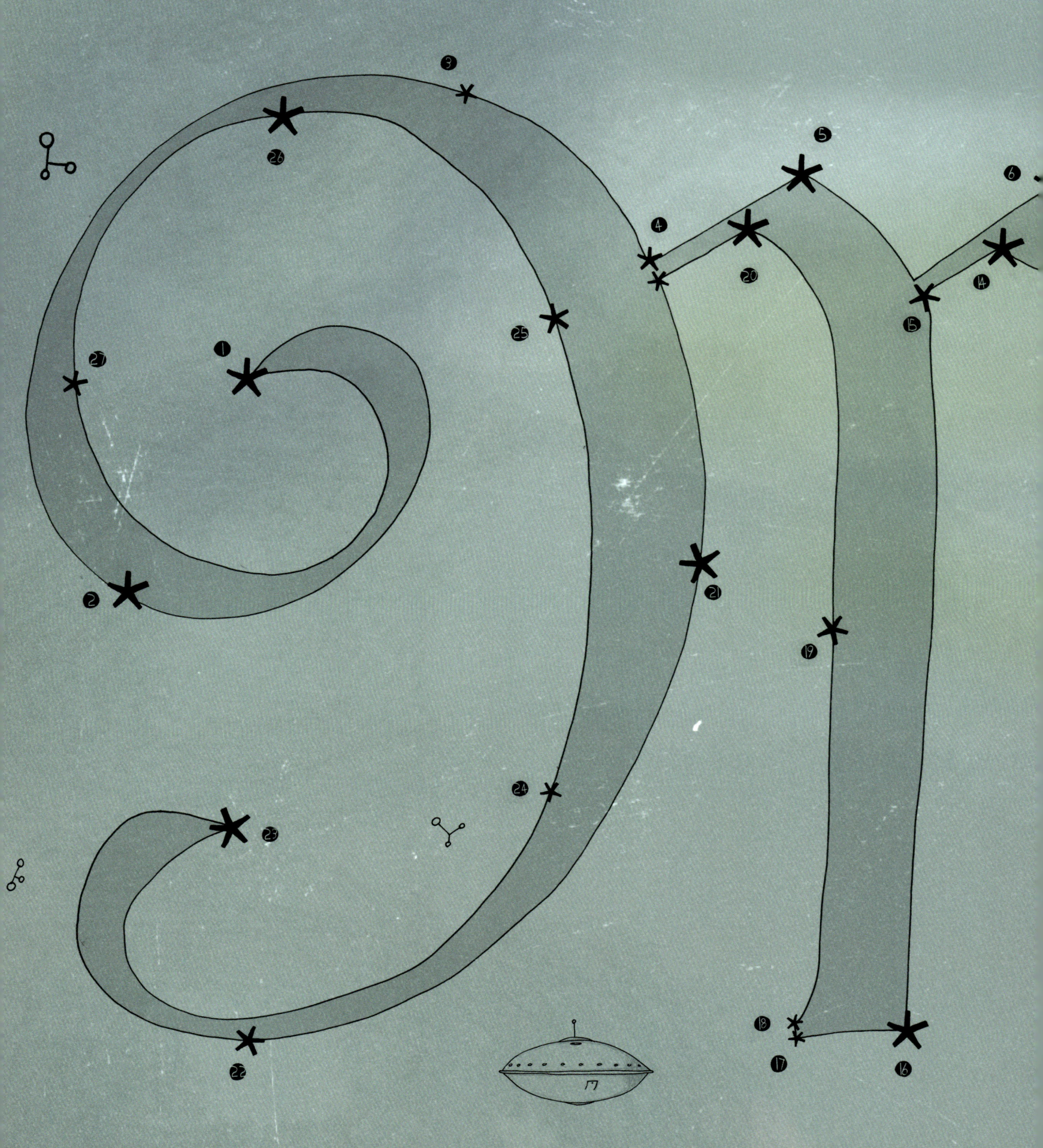

Die MAMAGALAXIE

1. Mama Fahrrad (von Pluto aus gesehen) ✻ 7
2. Mama Erdbeere (von den roten Monden aus gesehen) ✻ 9
3. Mama Akkordeon (von Orkus aus gesehen) ✻ 11
4. Mama Drache (von Jupiter aus gesehen) ✻ 13
5. Mama Dornröschen (von Venus aus gesehen) ✻ 15
6. Mama Picasso (von Uranus aus gesehen) ✻ 17
7. Mama Gazelle (von Ceres aus gesehen) ✻ 19
8. Mama Piratin (mit einem Fernrohr aus Richtung Großer Wagen betrachtet) ✻ 21
9. Mama Kamin (von Varuna aus gesehen) ✻ 23
10. Mama Eisenbahn (von der Erde aus gesehen) ✻ 25
11. Mama Schokolade (wirbelt gerade Sternenstaub auf) ✻ 27
12. ZWISCHENSTOPP: Mamas Handtaschen-Weltkarte (von einem astrophysischen Sternwarten-Caféhaus aus gesehen) ✻ 29
13. Mama Mozart (von Neptun aus gesehen) ✻ 31
14. Mama Meerjungfrau (von Merkur aus gesehen) ✻ 33
15. Mama Rotkäppchen (vom Mars aus gesehen) ✻ 35
16. Mama Monet (von Sedna aus gesehen) ✻ 37
17. Mama Katze (von Quaoar aus gesehen) ✻ 39
18. Mama Rennwagen (von Eris aus gesehen) ✻ 41
19. Mama Schere (von Charon aus gesehen) ✻ 43
20. Mama Segelschiff (von Titania aus gesehen) ✻ 45
21. Das große Mama-Theater (Sternenschauspiel im gesamten Kosmos) ✻ 47
22. Mama Kaugummi (von Leda aus gesehen) ✻ 49
23. Mama Fee (von Cordelia aus gesehen) ✻ 51
24. Mama Kola (von Ixion aus gesehen) ✻ 53
25. Mama Zauberin (vom Mond aus gesehen) ✻ 55
26. Mama Piano (von Saturn aus gesehen) ✻ 57
27. Mama Prinzessin (von Io aus gesehen) ✻ 59

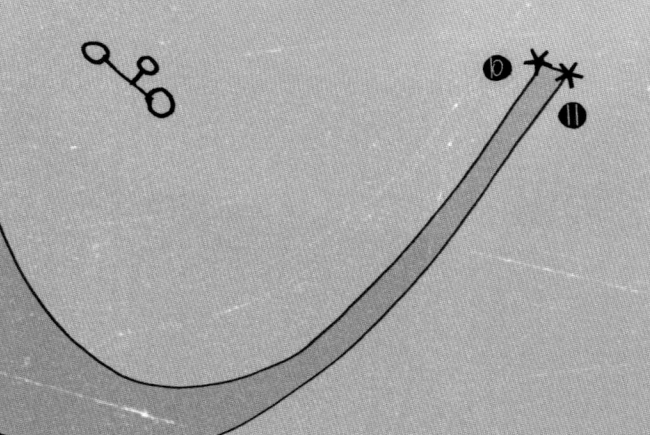

Erstausgabe: August 2016
Titel der Originalausgabe: *Um mundo de mamãs (2008)*

© Marta Gómez Mata, Texte.
© Carla Nazareth, Illustration.
© Denise Mallon, Übersetzung.
© àbac i lletres SL, Verlag.
   www.abacbooks.com

Lektorat: Annett Stütze, Frankfurt
Layout: Mònika Francisco

ISBN 978-84-945417-4-2
DL. B 11078-2016
Printed in Spain

17

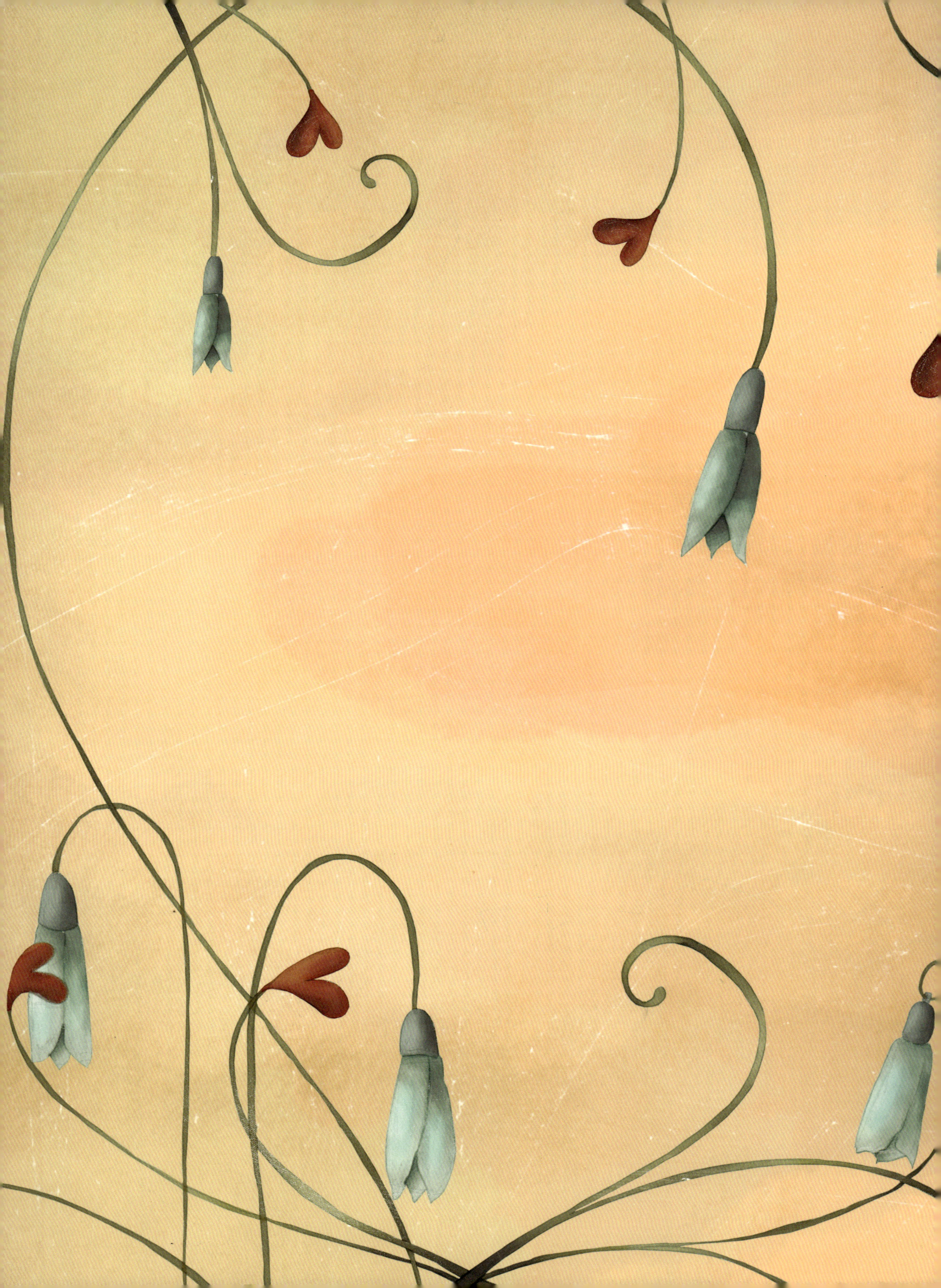